书山有路勤为径,优质资源伴你行
注册世纪波学院会员,享精品图书增值服务

U0523396

五位国际TRIZ大师合著

本书被国际TRIZ协会（MATRIZ）专业技术与方法论委员会（CEM）
批准为TRIZ培训课程标准参考书

TRIZ 创新指引
技术系统进化趋势（TESE）

亚历克斯·柳博米斯基
（Alex Lyubomirskiy）

[美] 西蒙·利特文　　　等著
（Simon Litvin）

谢尔盖·伊克万科
（Sergei Ikovenko）

张　凯　宋保华　译

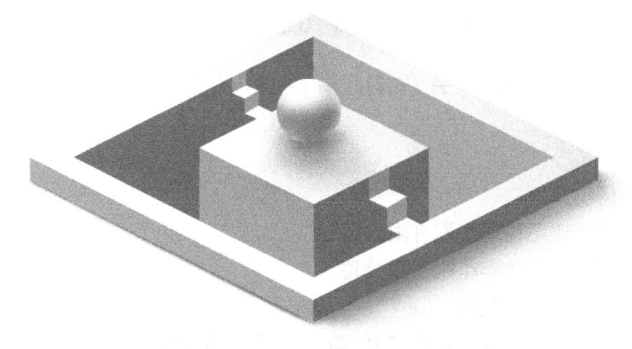

Trends of Engineering
System Evolution (TESE)
TRIZ Paths to Innovation

电子工业出版社
Publishing House of Electronics Industry
北京·BEIJING

First published in the English language under the title "*Trends of Engineering System Evolution (TESE): TRIZ Paths to Innovation*" written by Alex Lyubomirskiy, Simon Litvin, Sergei Ikovenko, Christian M. Thurnes, Robert Adunka.

Copyright © 2018 by Alex Lyubomirskiy, Simon Litvin, Sergei Ikovenko, Christian M. Thurnes, Robert Adunka.

All rights reserved.

本书简体中文字版经由张凯授权电子工业出版社独家出版发行。未经书面许可，不得以任何方式抄袭、复制或节录本书中的任何内容。

版权贸易合同登记号　图字：01-2021-4487

图书在版编目（CIP）数据

TRIZ创新指引：技术系统进化趋势：TESE /（美）亚历克斯·柳博米斯基（Alex Lyubomirskiy）等著；张凯，宋保华译. —北京：电子工业出版社，2021.9

书名原文：Trends of Engineering System Evolution（TESE）：TRIZ Paths to Innovation

ISBN 978-7-121-41790-0

Ⅰ．①T… Ⅱ．①亚… ②张… ③宋… Ⅲ．①技术革新–研究 Ⅳ．① F062.4

中国版本图书馆 CIP 数据核字（2021）第 174091 号

责任编辑：杨洪军
印　　刷：北京捷迅佳彩印刷有限公司
装　　订：北京捷迅佳彩印刷有限公司
出版发行：电子工业出版社
　　　　　北京市海淀区万寿路173信箱　邮编：100036
开　　本：720×1000　1/16　印张：11　字数：130千字
版　　次：2021年9月第1版
印　　次：2025年9月第5次印刷
定　　价：69.00元

凡所购买电子工业出版社图书有缺损问题，请向购买书店调换。若书店售缺，请与本社发行部联系，联系及邮购电话：（010）88254888，88258888。

质量投诉请发邮件至zlts@phei.com.cn，盗版侵权举报请发邮件至dbqq@phei.com.cn。

本书咨询联系方式：（010）88254199，sjb@phei.com.cn。

关于作者

亚历克斯·柳博米斯基（Alex Lyubomirskiy）持有由TRIZ（发明问题解决理论）创始人根里奇·阿奇舒勒（Genrich Altshuller）亲自颁发的TRIZ大师证书。他是GEN TRIZ有限责任公司（位于美国波士顿）的首席科学官和联合创始人。

柳博米斯基先生有超过30年深入研究及开发TRIZ的经验，为"后TRIZ工具"（现代TRIZ工具）的开发做出了贡献，如功能分析、裁剪、特征转移、S-曲线分析、进化趋势。

他拥有20多项专利，曾在多个刊物上发表文章。

西蒙·利特文博士（Dr. Simon Litvin）是世界顶尖的TRIZ、开放式创新和价值工程专家之一。他有超过40年的开发、教授、实施创新方法的经验，是现代TRIZ方法论（GEN TRIZ）的缔造者之一。利特文博士是根里奇·阿奇舒勒的学生和亲密伙伴，是GEN TRIZ有限责任公司的首席执行官和总裁，还是国际TRIZ协会（MATRIZ）的研发副主席和TRIZ大师认证委员会主席。

谢尔盖·伊克万科博士（Dr. Sergei Ikovenko）是杰出的TRIZ咨询顾问和项目导师。他发表了120多篇文章以及2本书，并拥有112项专利。伊克万科博士自1986年开始研究和教授TRIZ，并持有由TRIZ创始人根里奇·阿奇舒勒颁发的优秀TRIZ讲师证书。他是马萨诸塞州的专业工程师、麻省理工学院和塔夫茨大学的兼职教授，还是英国爱丁堡大学的名誉教授。

克里斯蒂安·M.瑟恩斯博士/教授/工程师（Prof. Dr.-Ing. Christian M. Thurnes）拥有超过15年在大型企业指导和教授TRIZ的经验，出版、发表和翻译多部（篇）与TRIZ和精益相关的著作和文章，并积极参与德国TRIZ标准VDI 4521的制定。瑟恩斯博士在凯泽斯劳滕应用技术大学从事本科和研究生的TRIZ教学工作。他还是"创新管理"MBA项目的负责人，以及卓越运营和创新方法能力中心（OPINNOMETH）的创始人和总监。

罗伯特·阿杜卡博士（Dr. Robert Adunka）于2014年9月成为首位德语国家的TRIZ大师。他是TRIZ咨询集团股份有限公司（TRIZ Consulting Group GmbH）的创始人和总经理。

得益于高质量的文献、导师以及国际化网络，TRIZ咨询集团股份有限公司致力于推广和发展TRIZ方法应用，特别是在德语国家。

序言一

过去几十年间,技术发展带来了科学和技术的巨大进步。经济增长为投资不同规模的商业和政府项目——从小型初创企业到行业巨头——创造了无数机会。同时,TRIZ在世界范围的传播使解决技术难题成为可能。人类几乎可以实现任何现实的目标,但为了确保对经济和人类生活产生的积极影响最大化,必须优先考虑某些因素。因此,TRIZ认为,当代科学技术的力量以及财政投资应该被用于精心选择和制定的目标。这就需要我们对(国内外的)颠覆性技术和社会变革做出可靠预测。

将科学方法应用于技术预测的第一次尝试发生在20世纪中叶,即利用统计学来分析一个给定系统的历史发展情况,以确定某些数学模式,并将这些模式外推到未来。然而,这一方法和其他几种方法未能提供可靠的长期预测,因为进化是非线性的:颠覆性技术、创新、科学发现以及新的人类需求和愿望(包括新趋势)的出现是很难预测的。

大约在同一时间,根里奇·阿奇舒勒提出TRIZ,它最初被称为"发明问题解决算法"(ARIZ)。到了20世纪70年代,它发展为一

TRIZ技术创新指引：技术系统进化趋势（TESE）

个基于一系列"技术系统进化模式"的全面的科学理论。这些模式是阿奇舒勒通过对技术系统的进化情况以及发明的出现和采纳情况所进行的历史分析而建立的。1975年，根据阿奇舒勒的分析，我在俄罗斯圣彼得堡人民科技创新大学（People's University of Scientific and Technological Creativity in St.Petersburg, Russia）开设了一门全方位介绍"技术系统进化模式"的课程。课程证明，这套模式可以被有效应用于对各个领域的技术发展情况进行预测，进而产生了第一批基于TRIZ的预测项目，涉及自动武器、机车、纺织设备、电池和其他许多技术领域。

TRIZ，特别是"技术系统进化模式"，一直是与时俱进的。最有经验的TRIZ实践者和理论家基于阿奇舒勒的开创性研究和实际应用做出了贡献。他们提出更多规律，引入子模式（后来被命名为"路线"），为"技术系统进化模式"体系创建了可能的结构，并完善了进行实际应用的方法。目前，对于"技术系统进化模式"体系的最终名称、术语应该是什么，结构如何，虽然存在几种不同的流派，但对于这一体系在相关行业谋求技术和市场领先地位的过程中可以带来切实优势，各方已经达成共识。

在本书中，亚历克斯·柳博米斯基、西蒙·利特文博士、谢尔盖·伊克万科博士、克里斯蒂安·M.瑟恩斯博士和罗伯特·阿杜卡博士都列举了生动的实用案例。毫无疑问，本书对研究和实施TRIZ的个人和企业都是不可或缺的。

TRIZ大师 鲍里斯·兹洛廷（Boris Zlotin）

2017年12月

序言二

"接下来会是什么？"是工程和技术界总想知道的问题之一。我们都想知道未来会出现什么样的发明和突破性技术，以及它们将如何在短期和长期内改变和塑造我们。

1956年5月，根里奇·阿奇舒勒和拉斐尔·夏皮罗（Rafael Shapiro）在科学期刊《心理学问题》上发表了论文《发明创造心理学》，该文对我们理解技术和工程创新原理产生了重大影响。他们认为创新不是一个随机的过程，而是一个基于深层的、根本性的原则和模式的过程，发明者会不自觉地使用这些原则和模式。不过，在当时，大多数原则和模式还没有被揭示出来。为揭示这些原则和模式并使其易于理解，根里奇·阿奇舒勒研究了大量的专利和技术文件，他的研究最终产生了如今被称为"发明问题解决理论"的一门新学科。为表明该学科的名称的俄语根源，现在我们仍使用创始人使用的俄语缩写，即"TRIZ"。

1979年，根里奇·阿奇舒勒在《创造是一门精密的科学》一书中首次提出"技术系统发展路线"体系。在这本书中，他描述了一些"技术系统进化法则"，这些法则为TRIZ发展的新方向打下了基

TRIZ技术创新指引：技术系统进化趋势（TESE）

础——技术系统进化理论。自那时起，TRIZ的主要支柱之一就是技术系统的进化不是随机的，而是由独立于相关领域的客观规律所支配的。

根里奇·阿奇舒勒定义的每一条法则都由一个更为具体的模式体系支持，这些模式告诉我们应该如何通过创新改进现有的技术系统。此外，他还发现这些模式在许多领域以相同的顺序出现，进而形成创新发展模式的路线。这些由不同模式组成的路线被称为"技术系统进化趋势"（TESE）。许多TRIZ开发者对由不同模式组成的路线的发现和制定做出了贡献。

大多数现代技术预测方法主要基于数据外推，TESE确定了各种技术系统具有的独立于所属领域的普遍变化规律。规律的普遍性可以让我们使用TESE发掘各种技术系统的创新潜力，也可以让我们直接应用相关TESE模式创造下一代系统。

尽管关于TRIZ的著作有多种语言版本，但其中只有少数是研究技术系统进化理论和TESE的。虽然TESE在实践项目中得到广泛开发和应用，如用来预测和直接改进相关技术产品，以及产生新的发明，但公开出版物未对此进行适当或充分的描述。

本书的作者们介绍了TESE体系目前的情况，通过不同行业的大量成功实例（他们参与其中）证明了它的有效性，与根里奇·阿奇舒勒合作为技术系统进化理论和TESE的发展做出了贡献。

必须指出的是，随着TRIZ的发展，出现了许多不同的TRIZ学派，这些学派通过开发相关方法介绍TESE并对其进行分类。

在大多数描述TRIZ的出版物中，TRIZ研究者发现的进化法则和路线都是以某种随机的方式呈现的。本书的一个重要优势是，基于对

（描述技术系统进化情况的）S-曲线不同阶段的情况与趋势相关性的研究，对TESE做出了更好的解释。趋势相关性展示了技术系统的主要价值参数的表现及其与S-曲线的每个阶段的关系。尽管根里奇·阿奇舒勒在提出TESE之前就描述了有关技术系统进化的S-曲线，但长期以来，S-曲线的每个阶段之间的联系都相当薄弱。近期的研究有助于更好地阐明不同TESE和技术系统进化的不同阶段之间的联系，从而有助于确定在S-曲线的每个阶段，哪个TESE是最关键的。

除了将主要价值参数与S-曲线联系起来外，TRIZ研究者还关注如何把技术系统功能的提升与系统在S-曲线的位置联系起来。

本书的另一个重要优势是，TESE是以层次结构呈现的。这有助于读者理解哪些TESE是普遍广泛适用的，哪些是这些普遍广泛适用的TESE的具体实例，以及不同的TESE在S-曲线的不同阶段的表现。

刚接触TRIZ的读者应该已经发现：本书作者在提到技术系统和技术的创新发展时使用了"进化"一词。有些读者可能会认为"进化"一词参考了达尔文的进化论——通过展示伴随着众多随机的变化产生能够更好地适应环境的物种，来解释生物系统的历史性发展情况。在人类早期历史中，技术系统无疑是通过随机试验改进的。然而，如果我们讨论的是现代技术和工程，就必须将"进化"一词理解为"创新发展"。由于与自然界的变化不同，工匠和工程师并不是通过偶然性，而是基于逻辑、经验和基本原理做决定的，因此，相比达尔文的自然选择进化，技术系统进化有条理得多。

本书中介绍的TESE体系不仅可以用于研究和咨询，还被通用电气、现代、英特尔、三星和西门子等世界领先企业用于进行新产品的开发和创新路线图的制定。

TRIZ技术创新指引：技术系统进化趋势（TESE）

本书使用丰富的案例和图片，对有关技术系统和技术创新发展的法则和趋势的研究进行了广泛的论述，为读者理解现代技术系统进化理论做出了宝贵的贡献。

本书聚焦现代技术系统进化理论和趋势的实际应用情况，可推荐给对以下内容感兴趣的人：TRIZ理论与实践基础、发明、前端创新、工程和技术开发、改进技术系统的方法、减少风险和避免不良投资以优化决策的方法。

TRIZ大师 瓦莱里·苏奇科夫（Valeri Souchkov）

2017年12月

目录

第1章 技术拉动：超越技术推动和市场拉动 ·············· 001

第2章 用于研究和设计技术系统进化的TRIZ工具 ········ 005

第3章 S-曲线分析与实用S-曲线分析 ················ 011

    3.1 第1阶段：婴儿期 ···································· 023

    3.2 过渡阶段 ·· 030

    3.3 第2阶段：快速成长期 ································ 034

    3.4 第3阶段：成熟期 ···································· 041

    3.5 第4阶段：衰退期 ···································· 049

    3.6 实用S-曲线分析的建议总结 ·························· 052

第4章 技术系统进化趋势（TESE） ···················· 057

    4.1 价值提高趋势 ·· 059

    4.2 系统完备性增加趋势 ·································· 061

    4.3 裁剪度增加趋势 ······································ 063

    4.4 向超系统过渡趋势 ···································· 070

4.5　系统协调性增加趋势 ·· 083
4.6　可控性增加趋势 ·· 097
4.7　动态化增强趋势 ·· 103
4.8　人工介入减少趋势 ·· 111
4.9　子系统不均衡发展趋势 ··· 113
4.10　流优化趋势 ··· 114

第5章　你的下一步行动 ·· 133

参考文献 ··· 135

相关文献 ··· 140

第1章

技术拉动：超越技术推动和市场拉动

TRIZ技术创新指引：技术系统进化趋势（TESE）

创新是推动人类进步的重要力量之一。技术和市场相互作用就能为我们提供改善生活条件的产品，使我们继续进步。诚然，并不是所有的创新都能带来好处，也不是每个人都能从创新中受益，但我们普遍接受这样一个假设：创新产生繁荣。

"技术推动"和"市场拉动"两个概念使我们更容易理解人造系统是如何进步的。虽然目前理解创新的框架更加复杂，但对以上两个概念（作为创新的触发因素）的讨论可以提供一些关键的认识。

创新，可以被广义地定义为对新系统的开发或对现有系统的改进，通常由科学知识的进步推动。这些知识创造了市场尚不需要的新系统、新产品和新服务。因此，技术推动创造的是潜力，而不是需求，这就是为什么许多企业会举办创意大赛，来确定研发部门开发出来的新产品的使用方式。技术推动会使社会和技术组织方式发生根本性变化。

市场拉动是创新的第二个触发因素，通过满足用户的需求来刺激系统发展。商业和非商业组织努力满足用户的需求，进而利用这些需求确定进一步开发系统、产品和提供服务的目标。正因如此，我们每天都能发现无数小的、（整体）积极的变化。请注意，与技术推动不同，市场拉动往往会带来逐步的变化。

如前所述，虽然这两个概念并不是对现实的精确描述，但是可以帮助我们理解进行创新为什么会产生简化模型这一。实际上，两个触发因素不是孤立发生作用的。通常，两个触发因素同时发生作用，系统往往首先进入技术推动阶段，然后进入市场拉动阶段。实际上，系统的技术生命周期就是两个触发因素的结合（Khalil，2000，pp.80-

第1章 技术拉动：超越技术推动和市场拉动

86；Abernathy，Utterback，1978，pp.40-42）。系统的技术参数与市场参数是相关联的。

在本书第3章中，我们将深入讨论"S-曲线分析"，描述如何通过对系统生命周期的精心设计来有意识地打造成功的创新。TRIZ提供了系统化利用S-曲线使技术系统成功的宝贵建议。TRIZ还揭示了各种系统发展的共性，在本书中，称这些共性为"技术系统进化趋势"（TESE）（Lyubomirskiy，Litvin，2003）。虽然趋势不能准确地说明系统的进一步发展情况，但是非常重要的启发式工具：一方面，它们可以确定系统当前的生命周期状态；另一方面，它们可以预测有潜力的未来发展方向。所以，对趋势的清晰描述可以帮助我们确定相关发展阶段的情况，以及有意义的系统发展方案。使用趋势考察和产生发展方案具有拉动作用，因为对技术系统进化趋势的研究会产生对系统进行进一步开发的需求。这些需求不是市场需求，而是技术需求，或者说是技术建议。在系统设计中有意识地使用这些需求，将为进行成功的创新管理提供额外的工具。因此，通过使用TESE所产生的"技术推动"应被视为创新的第一个触发因素。

第2章

用于研究和设计技术系统进化的TRIZ工具

TRIZ技术创新指引：技术系统进化趋势（TESE）

本书第3章和第4章将重点介绍TESE。涉及技术系统进化的方法源自对经典TRIZ概念和工具的解释、改编、重组和增强。

有关TESE的内容主要来源于Alex Lyubomirskiy和Simon Litvin（2003）的研究和实践经验，以及Sergei Ikovenko（2014）的顾问、教师和培训师的工作经验。其他著名TESE研究者有：B. Zlotin，A. Zusmann，V.M. Petrov，A. Bystritsky，V. Dubrov，G. Ezersky，V. Fey，G. Frenklakh，V. Guerassimov，B. Goldowsky，G. Ivanov，I.M. Kondrakov，D. Mann，A. Pinyaev，M. Rubin，Y.P. Salamatov，I.M. Vertkin，I. Zakharov，等等（见参考文献）。

TESE的产生源自TRIZ。根里奇·阿奇舒勒在20世纪提出有关技术系统进化的基本观点。他对技术系统进行的研究为有关TRIZ观点、原理和工具的产生奠定了基础。随着时间的推移，阿奇舒勒和他的同事产生了越来越多关于技术系统进化的观点，并提出了一些设计有效系统——遵循或至少考虑技术系统进化的典型路径的系统——的实用建议。在阿奇舒勒最初工作的基础上，科学家和实践者又创造了一些结构、程序和工具。由于上述原因，也由于TRIZ原理被翻译成不同的语言版本，这个领域存在不同术语："进化法则""趋势""模式""路线"等。在更详细地解释TESE之前，我们必须介绍该领域的几个里程碑（以下解释都是粗略的）。

阿奇舒勒的"系统进化法则"为许多TRIZ使用者和研究者的应用和研究奠定了基础。在《创造是一门精密的科学》（1979）中，阿奇舒勒介绍了以下法则（Altshuller，1984，pp.223-231）：

1. 系统各部分完整法则；

第2章 用于研究和设计技术系统进化的TRIZ工具

2. 系统"能量传导"法则;

3. 系统各部分节律一致法则;

4. 系统理想性程度提高法则;

5. 系统各部分发展不平衡法则;

6. 向超系统过渡法则;

7. 从宏观水平向微观水平过渡法则;

8. 物场参与度提高法则。

阿奇舒勒将第1~3条称为"静力学"法则,将第4~6条称为"运动学"法则,将第7~8条称为"动力学"法则。"静力学"法则和"动力学"法则具有普遍性,在任何系统中都可以找到。"动力学"法则代表"我们这个时代技术系统发展的主要趋势"(Altshuller,1984,p.230)。

后来的出版物中有关于技术系统进化的更详细的方向和实用性的建议,比如怎样使用"系统进化法则"。在《寻找创意》(Altshuller et al.,1989)一书中,阿奇舒勒、兹洛廷、祖斯曼、菲拉托夫描述了共分为九大类(后来被称为"模式")的22条系统进化路线。每个大类都包含一条或多条进化路线,某些路线成为几个大类的具体"子路线"。例如,在"减少人类介入"这一大类中,有"减少人类介入的总路线",及两条具体的路线:"减少人类在一个层面的介入"和"减少人类在不同层面间的介入"(Altshuller et al.,1989,pp.365-368)[相关英文版本见(Altshuller et al.,1999,pp.11-23)]。这些早期的研究建立了系统进化路线的层次结构,如下例所示(Altshuller et al., 1999, p.23）：

- ……
- 减少人类介入的总路线：……
  - 减少人类在一个层面的介入：……

    涉及人类介入的技术系统会沿着以下路线进化：
    - 用执行元素代替人
    - 用能量转换装置代替人
    - 用能量源代替人
  - 减少人类在不同层面间的介入：……
- ……

很多研究中会存在这样的层次结构，如兹洛廷和祖斯曼的后期作品［Zltoin et al., 2001/2002/2004］。在最高层级上有几种基于阿奇舒勒的系统进化法则和路线的进化模式，这些模式是许多后续内容的基础，包括（Terninko et al., 1998）：

- 进化的阶段（婴儿期、成长期、成熟期和衰退期）；
- 向增加资源投入的方向进化；
- 向理想度提升的方向进化；
- 系统组件不均衡发展；
- 向动态性和可控性提升的方向进化；
- 向复杂度先提升再简化的方向进化；
- 系统进化时组件的匹配与失配；
- 向微观级别和场应用增加的方向进化；
- 向人类参与减少的方向进化。

第2章 用于研究和设计技术系统进化的TRIZ工具

之后,越来越多的路线被发现。研究者开发了在技术和非技术领域(Zlotin et al.,2001)中确定特定路线的程序(Ideation Research Group,1999)。软件Directed Evolution®[1][Dire]汇集了数百种被用于系统进化开发任务的模式、路线、工具和指令。尼古拉·沙科夫斯基(Nikolay Shpakovsky)发表的由英文写成的著者介绍了他研究技术进化树的方法,其中配有大量生动的插图和例子(Shpakovsky,2016)。

一些作者集合了很多趋势路线,并将其按照非层次结构进行简单的分类。例如,达雷尔·曼恩(Darrell Mann)集合了37条趋势路线,将其分为空间相关、界面相关和时间相关趋势(Mann,2003)。达娜·克拉克(Dana Clark)将39条趋势路线分为结构、系统、物质、场、过程和其他类别(Ideation Research Group,1999,pp.233-241)。"TRIZ知识体系"则列出了11个趋势(法则)和一些子趋势(路线),以作为官方经典的TRIZ基本原理的一部分(Litvin et al.,2012,p.3)。

进化趋势的整体概念和各个独立的趋势也被用于其他方面。例如,弗拉基米尔·彼得罗夫(Vladimir Petrov)定义了"客户需求趋势",并制定了一套使用这一趋势的系统方法(Petrov,2006)。达雷尔·曼恩结合不同学科的不同方法,利用"系统完备性法则"改进TRIZ法则在技术与非技术领域的应用情况(Mann,2000;Mann,2001)。卡斯奇尼等人将进化模式作为进行"技术工件"历史研究的一种手段(Cascini et al.,2003)。鲍里斯·兹洛廷(Boris Zlotin)和阿兰·祖斯曼(Alla Zusman)不仅极大地提升了技术系统进化阶段

---

[1] Directed Evolution®是Ideation International Inc.的注册商标。

的概念性（Zlotin et al., 2001/2002/2004；Zlotin et al., 2015），而且将详细的S-曲线方法用于系统生命周期的研究中（Zlotin, Zusman et al., 2001//2002/2004；Zlotin et al., 2015）。弗拉基米尔·彼得罗夫为系统进化法则建立了一个结构化的框架［Petrov, 2002（a）；2002（b）］。基于辩证法规律，他建立了多层次结构：将进化法则分成需求、功能和系统等层次。

S-曲线是一个可以帮助人们理解和影响技术系统生命周期的概念，TRIZ对它的详细研究有着悠久的历史（Altshuller, Seliujki, 1980, pp.104-117）。在《创造是一门精密的科学》中，阿奇舒勒先描述S-曲线，然后介绍进化法则（Altshuller, 1984, pp.205-216）。对S-曲线和技术生命周期概念的讨论已成为技术和创新管理理论的一个既定组成部分（Becker, Speltz, 1983；Foster, 1986；Becker, Speltz, 1986；Christensen, 1992；Khalil, 2000；Zlotin et al., 2001/2002/2004；Nunes, Breene, 2011）。

S-曲线和TESE之间的联系清晰明了。第3章将解释对TESE框架下的S-曲线与TESE中的各法则的整合情况。第4章将描述TESE的概念，即使用非常详尽的层次结构确定法则、模式、路线和趋势。从现在开始，我们将使用"趋势"和"子趋势"两个术语，以使TESE的结构易于理解。本书中的解释和描述基于亚历克斯·柳博米斯基和西蒙·利特文的作品（Lyubomirskiy, Litvin, 2003），其也被用于许多培训项目（Lyubomirskiy, Litvin, 2003；Ikovenko, Jantschgi, 2014）。TESE的结构使大量趋势便于理解，因为它把若干松散的趋势的集合转换成了一个非常有用的结构。

第3章

S-曲线分析与实用S-曲线分析

TRIZ技术创新指引：技术系统进化趋势（TESE）

从阿奇舒勒时代的趋势到TESE

阿奇舒勒开发TRIZ时，对许多趋势只是进行陈述，并没有提出任何实际的建议。

例如，阿奇舒勒指出：随着系统的进化，趋势会越来越可控。好吧，很高兴知道这一点。但是这种观点有什么用呢？如果你正在设计一个新的系统，你应该如何使它更可控？

我们来看另一个趋势——理想度提高趋势，它指的是随着系统进化，理想度会提高。阿奇舒勒认为，"理想度是我从产品中得到的好处与我必须为之付出的代价（可能指金钱、时间、空间或任何其他类型的代价）的比值"。理想度提高趋势指出：在系统进化时，理想度总是上升的。这也许是一个重要的认识，但我们如何利用它呢？打个比方，你面前有两个不同的杯子，你怎么知道哪个杯子的理想度更高？你如何计算两个杯子的理想度？

在阿奇舒勒发表的作品中，趋势没能为我们提供详细的建议。它们本质上是哲学，因为它们将系统进化的原理理论化了，并没有为工程师提供在日常实践中可以使用的工具。阿奇舒勒对趋势的描述好比一个国家的宪法。法官并不经常使用宪法条文，因为它过于宽泛。相反，他们使用基于宪法的但更具体的法律，如刑法、民法等。这些法律的条文大多比宪法条文具体得多，但其中一些条文仍然相当笼统。因此，法院通过解释、修订和判例，使这些法律更加具体。

这正是趋势的现状。阿奇舒勒提出的普遍性趋势为发现更具体的路线和机制打下了基础。为使这些路线和机制具有可操作性，TRIZ学者配备了详细的算法，告诉人们如何从某一趋势的一种状态转移到另一种状态。随着细节的增多,这些趋势变得越来越强大。实际上,趋势规范已经成为TRIZ最重要的进展之一。

TESE可以用层次结构表达(见图3.1)。有些趋势较为笼统,有些趋势则较为具体。由于S-曲线进化趋势是较普遍的,因此位于层次结构的顶端。它描述并涵盖了其他所有趋势。另外,有些趋势是其他趋势的机制,以此类推。

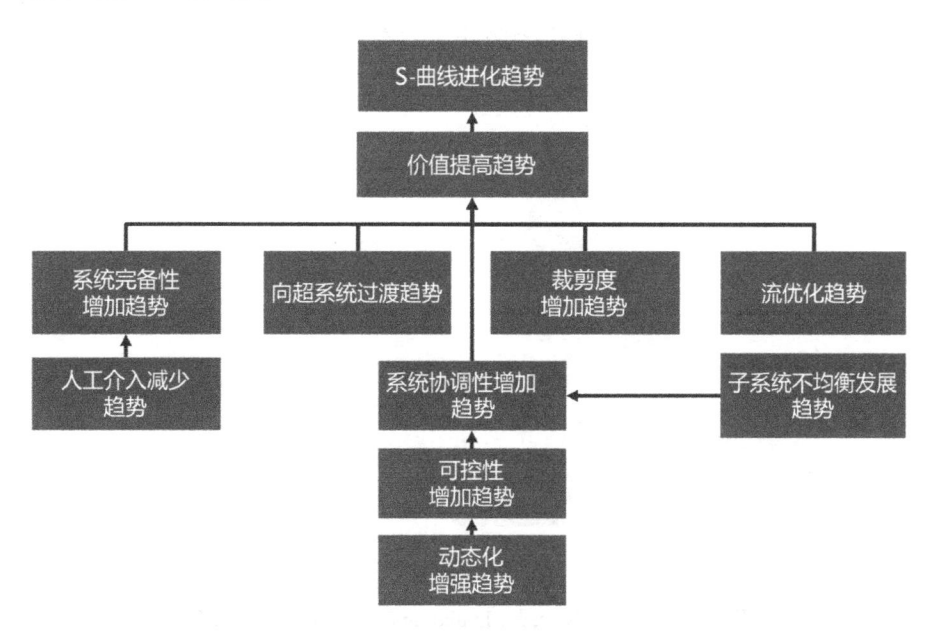

图3.1 TESE的层次结构(Lyubomirskiy,Litvin,2003)

让我们仔细看看S-曲线进化趋势。基本上,这一趋势指的是,由于技术系统进化,系统中重要的价值参数[被称为"主要价值参数"(MPV)]随时间推移呈现S曲线形状(Litvin,2005)。MPV可以被理解为影响客户购买意愿的参数。以笔为例,对有些人来说,笔最重要的MPV可能是耐用性;而对其他人来说,笔最重要的MPV可能是书写能力、线条的粗细、握起来的舒适度,或者样式。换句话说,MPV

与技术参数、外观或其他特性有关。

你可以在坐标系中绘制出某个MPV随时间变化的曲线。很多人认为MPV会随着时间的推移而不断增长,这意味着其所画出来的是一条直线,但事实并非如此。S-曲线进化趋势表明:在系统进化的初期,MPV通常没有改善(或改善很少);之后,MPV迅速增长,并在某个时间点稳定下来,甚至可能下降。这种典型的变化模式形成了S-曲线,之所以这样命名,是因为曲线的形状类似字母"S"(见图3.2)。

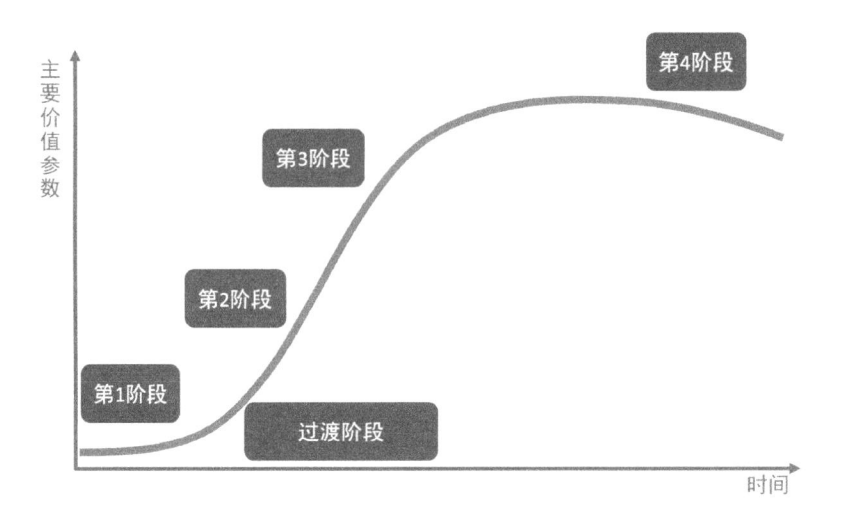

图3.2 S-曲线的各阶段(Lyubomirskiy,Litvin,2003)

这种增长曲线很久以前就出现在对生物系统的研究中。19世纪,微生物学实验研究了细菌菌落的生长情况。研究人员采集一批细菌,将其放在培养皿中,计算各个时间培养皿中的细菌数量。他们发现:一开始,细菌数量没有变化,细菌只是待在培养皿中,没有繁殖;然后,从某个时刻开始,细菌逐渐生长,起初速度很慢,之后加快;后来,细菌太多了,培养皿里没有空间了,生长速度减慢;最终,由于没有食物，细菌开始死亡，数量减少。由此形成的生长曲线类似字母"S"。该曲线具有非常明显的阶段：适应期、快速生长期、稳定期和死亡期（见图3.3）。后来的研究表明，其他生物的生长也遵循S-曲线。例如，如果观察的参数是质量，那么李子、梨和黄瓜会沿着它们的S-曲线生长。它们的质量在开始时只增加了一点，然后增加得很快，在生命周期将要结束时增加得非常慢。

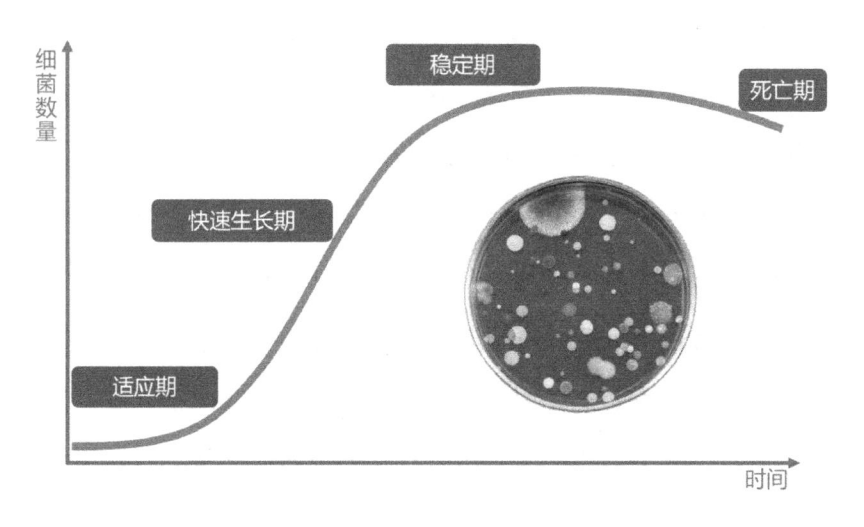

图3.3 菌落生长的S-曲线（Lyubomirskiy，Litvin，2003）

20世纪初，对技术系统的研究开始考虑S-曲线的进化原理。相关研究表明，技术系统的技术参数也呈现S-曲线增长模式。例如，汽车进化过程中的技术参数，如油耗、安全性、可控性等，都可以用这种方式来研究。许多消费者根据技术参数来决定购买的类型。在现代创新管理中，企业必须聚焦影响消费者购买的参数，即MPV。如果企业想改进某个产品，那么首先要确定这个产品的MPV。否则，即便企业可能会创造一个非常棒的产品，但因为没有改进MPV，顾客也不会购买，最终，该企业可能会破产。

TRIZ技术创新指引：技术系统进化趋势（TESE）

每个MPV都沿着自己的S-曲线发展。例如，同一辆车，在安全性方面处于S-曲线的第2阶段；在油耗方面处于S-曲线的第3阶段；在舒适性方面处于S-曲线的第2阶段的初期。如果你能知道产品在不同参数的S-曲线中的位置，就可以制定策略了。你可以决定应该改善哪些参数，不应该改善哪些参数。改善某些参数需要对系统进行颠覆式创新。比如说，你可能会采取某种方法来逐步提高汽车的舒适性，但在改善油耗时则采取截然不同的方法。

我们如何才能知道产品的MPV处于哪个阶段，并进行相应的改进？为了确定产品的MPV在S-曲线中的位置，阿奇舒勒列出了一系列指标。因为他喜欢专利，所以这些指标主要是基于专利的。这些指标如下（Altshuller，1984，pp.205-216，Altshuller，Seliujki，1980，pp.104-117）。

- **专利数量**（见图3.4）：阿奇舒勒发现，专利数量随系统在S-曲线中的位置的变化而变化。在系统进入市场之前，专利数量非常少；在系统被广泛使用时，专利数量急剧增加；在系统开始大规模生产时，专利数量再次增加，因为人人都想赚钱。
- **创造性水平**（见图3.4）：为制定这一指标，阿奇舒勒根据创造性水平对解决方案进行分类。他通常将专利分为五个等级（Altshuller，1984，pp.16-26）。
  - **1级**：发明专利不解决任何矛盾，而是优化已经存在的产品或工艺流程。通常，这种优化是通过实验实现的。通过实验，你可以确定工艺流程的最佳参数并据此申请专利。比如说，你发现木材在高于200℃的温度下进行干燥就会变形；而在低于60℃的温度下进行干燥需要的时间太长。据此，你可以申请一项专利：可以在60℃~200℃的温度下对木材进行干燥。

但这只是一项优化专利。阿奇舒勒对这一等级的专利不感兴趣，因为他感兴趣的是发明原理。

- **2级**：专利解决了一个矛盾，但这个矛盾处理起来并不是特别困难。例如，一支激光笔要足够大，才能正常工作；又要足够小，以易于储藏。这个矛盾很容易解决。比如说，经过20次不同的实验，你就能想出一个好的解决办法。
- **3级**：解决方案是聪明的创意。这些解决方案不是显而易见的，非常巧妙。这个等级的问题和解决方案来自同一个工程领域。例如，电气工程的方法可被用于解决电气技术问题；化学问题可以用化学方法来解决。
- **4级**：解决方案需要与新的系统结合。例如，化学领域的问题用生物学领域的知识来解决。机械领域的问题用电学领域的知识来解决。换句话说，解决方案来自完全不同的领域。
- **5级**：解决方案需要通过进行基础性研究才能得出。这种解决方案是可以改变世界的，如激光技术、无线电技术等。TRIZ无法产生这样的解决方案，因为它们来自物理现象。

阿奇舒勒将专利分为这五个等级，并发现，最初，当人们只是在实验室里研究创意时，创造性水平相当高。系统早期阶段的发明本质上是（作为整个系统的基础的）开创性技术。系统进入市场并进行批量生产后，创造性水平就会有一个飞跃。一旦一些智能方案得以应用，创造性水平就会下降。在进行大规模生产的过程中有许多非常小弱的发明，它们只是1级或2级专利，没能令人印象深刻。

阿奇舒勒还将系统产生的利润作为指标进行相关研究。虽然第1阶段出现了负利润，但是利润从第2阶段开始增长，在第3阶段增长迅速。

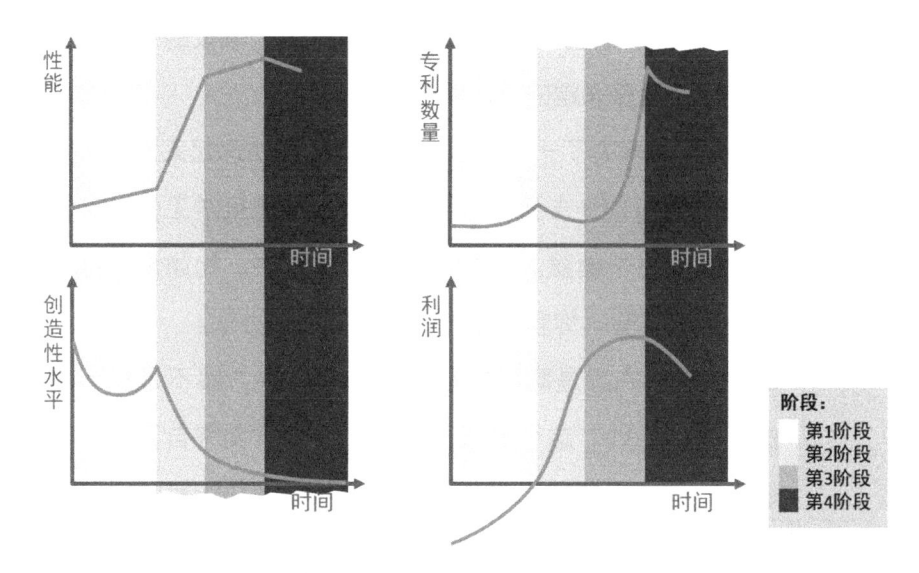

图3.4 阿奇舒勒的S-曲线的不同指标（Altshuller，1984，p.207；Altshuller，Seliujki，1980，pp.107-109）

在研究特定参数时，我们可以对照这些曲线，确定产品在S-曲线中所处的位置。这样的话，工作量会很大。所以，不妨先确定一组与产品相关的专利并研究这些专利，然后确定这些专利涉及的参数。在选择了正确的专利之后，还需要计算每年产生的专利数量，并对每项专利进行评估以确定它的创造性水平。

从S-曲线分析到实用S-曲线分析

与专利相关的指标在多数情况下是有用的，但并不能适用于所有情况。例如，有成百上千个与燃料电池有关的专利，但燃料电池还没有进入市场。如果考虑专利数量，就会发现燃料电池处于S-曲线第3阶段：看起来像一个成熟的系统。但是，燃料电池还没有离开实验室，怎么可能是一项成熟的技术呢？因此，我们需要把目光从技术属性方面转向基于市场的指标上。

S-曲线分析在过去20年中不断发展，转变为我们所称的实用S-曲线分析。GEN3公司和其他地区的TRIZ专家已经开发出这种分析方法，并将相关知识传授给TRIZ学员（Lyubomirskiy，Litvin，2003；Ikovenko，Jantschgi，2014）。实用S-曲线分析确定了许多指标（包括基于技术的指标和基于市场的指标），变得更加精确并针对S-曲线的每个阶段都提供相应的建议清单。

两个工具——用于确定产品在S-曲线中位置的指标，以及针对S-曲线每个阶段的行动建议和最佳实践清单——使实用S-曲线分析比S-曲线分析可以提供更多信息。它可用于规划具体的创新活动。这有利于管理者确定研发工作的重心，因为如果决策失误，就会造成经济损失。

从理想度提高趋势到价值提高趋势

阿奇舒勒提出的理想度提高趋势指：系统的理想度会随着系统的进化而提高。"理想度"指的是从系统中获得的收益与因此而投入的资源的比值。大多数TRIZ著作论述过这个概念，因为这个概念很好。不过，在实践中，它所提供的帮助不大。问题在于，无法计算系统中两个不同状态的理想度。例如，如果让你比较一套西装与"上衣+裤子"的组合，哪一个更理想？如果让你比较茶杯和玻璃杯，哪一个更理想？我们并没有计算理想度的标准。虽然有时可以自己制定标准，但大多数时候是不行的。

有一种方法可以使这个趋势更具操作性，即价值工程分析。这一方法是由通用电气公司的拉里·迈尔斯（Larry Miles）开发的

（Stewart，2010，pp.11-13）。在从事采购工作时，拉里·迈尔斯必须比较不同的东西。这种比较不是理论上的，而是实际上的。采购部门基于原材料的情况，比较不同的报价，以尽可能便宜地购买。"货比三家"是采购的一项核心活动。这项活动有时非常困难。如何比较同一系统的不同部分？拉里·迈尔斯建立了一个通用的标准，可以计算同一系统中每个组件的价值。这个标准可以告诉人们系统中哪个组件更好，比如说，对一把椅子来说，座位更好还是腿更好。迈尔斯把这个标准称为"价值"，它是组件的功能性指标与成本的比值。

使用价值工程分析可以计算出产品每个组件的功能性指标以及成本。以一把椅子为例，可以分别计算靠背、座位、腿等组件的价值。通过计算就会知道哪个组件是最好的，哪个组件是最差的，低价值的组件可以通过TRIZ进行改进。价值工程分析提供了一种计算功能性指标的方法，功能性指标是某个组件做的积极的事情的总和。价值工程分析计算价值的公式和阿奇舒勒计算理想度的公式非常相似：功能性指标或有用功能除以成本或支付因素（见图3.5）。在现代TRIZ中，"理想度提高趋势"逐渐被称为"价值提高趋势"，在不同著作和文章中，两个名称都被使用。这两个名称都表达了阿奇舒勒的原意：一个系统的理想度或价值随着系统的进化而提高和增加。

$$\uparrow I = \frac{\sum 收益}{\sum 支付因素} \qquad V = \frac{F}{C}$$

图3.5　理想度公式和价值公式

价值或理想度减少或降低时，产品就会退出市场。价值增加或理想度提高对系统来说就像呼吸对人类一样必要——如果停止，系统就会消失。同时，一些人在发现理想度可以提高后，就想知道这种提高是否受到限制。阿奇舒勒认为没有，他认为理想度可以是无限的。这就意味着：要么收益是无限的，要么支付因素为零。第一种情况是不现实的，因为现实世界中不存在具有无限功能的系统。第二种情况发生的前提是这种系统不存在，但执行了功能，阿奇舒勒将这种情况称为"理想机器"（Altshuller，1984，p.83）。

不过，总的来说，这种趋势表明：随着系统进化，系统的价值或理想度的增加或提高不是线性的。那么价值或理想度是如何增加或提高的？在第1阶段，系统还处于实验室中，仅仅是一个原型，功能性并不强，人们仍然可以进行实验并改进相关功能。但原型很昂贵，因为它是这种系统中唯一的一个。所以，在S-曲线的第1阶段，增加价值的常用方法是改进功能和降低成本（见图3.6）。

在第2阶段，产品已经进入市场。此时需要为提高理想度做出选择：保持系统的成本不变，增加功能；如果产品的功能增长得比成本快，那么可以选择增加成本。在尝试改进系统的功能时，应注意：小的改进也会增加巨大的成本。

这就意味着系统已经进入第3阶段。这一阶段不能改进系统的功能，此时提高理想度最有效的方法是降低成本。事实上，在S-曲线的任一阶段，降低成本都会带来好处。但在第2阶段，不应把时间放在降低成本上，因为时间就是金钱，此时占领市场是更佳选择，即使以增加成本为代价，也应该尝试对系统进行优化，因为此时功能的增长速度快于成本。

再过一段时间就到了成本降无可降的地步。此时的策略是：制造

TRIZ技术创新指引：技术系统进化趋势（TESE）

功能相对较差但便宜得多的产品，即用牺牲产品功能的代价，换来成本的进一步降低。例如，可以生产一次性产品，如一次性杯子，它的功能比玻璃杯要差，但生产成本低得多，所以还是可以赚钱的。

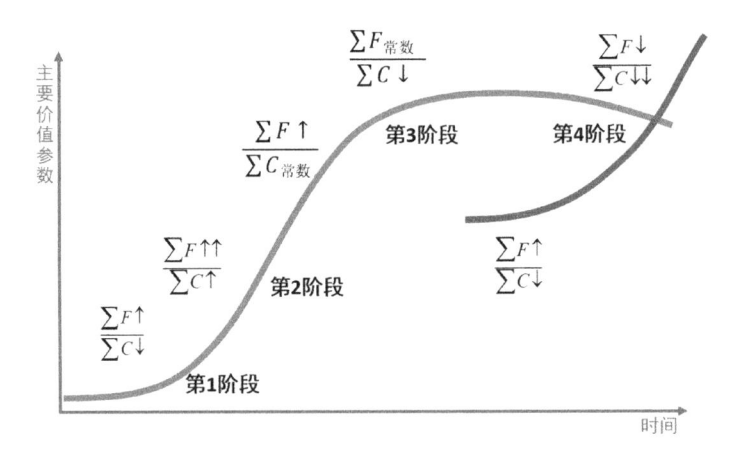

图3.6　S-曲线各阶段增加系统价值的策略

如果已经知道产品在S-曲线中的位置，就需要对进行研发的项目有更多的认识。例如，在产品处于第3阶段时才开始改进功能实际上是浪费钱的，但许多企业还是会这样做，因为它们过去就是这样做的。战略规划师、创新经理和研发经理应该对S-曲线的这种策略应用方法感兴趣。

综上所述，S-曲线分析是一种基于S-曲线进化趋势的分析。它确定了一个技术系统在发展过程中所处的位置，以及改进功能可以采取的措施（Ikovenko，Jantschgi，2014）。通常，S-曲线有4个阶段。

- 第1阶段：婴儿期。
- 第2阶段：快速成长期。
- 第3阶段：成熟期。

- 第4阶段：衰退期。

出于进行分析的原因，许多人认为还有一个被称为"过渡阶段"（Lyubomirskiy，Litvin，2003）的阶段。过渡阶段大体上处于第1阶段和第2阶段之间，是系统从实验室走向大规模生产的中间阶段。这个阶段对于产品的成功非常重要，所以我们会单独考虑它的具体标志和提出特别建议。

请记住，S-曲线用于分析一个或多个MPV，相关参数或特征影响消费者的购买决策。要进行实用S-曲线分析，就必须确定有效的MPV。通过调研或相关活动了解消费者的意见可以发现，他们能够指出许多重要功能，但只愿意为某些功能付费，消费者愿意付费的这些功能就是MPV。例如，航空公司的乘客可能想要更多的腿部空间、更大的座位、按摩及美甲服务等，但这些不是MPV，因为乘客不愿为它们付费。

在下面各节中，我们将讨论S-曲线不同阶段出现的原因及识别标志，还会给出一些典型建议，比如，在特定阶段应该做什么，什么样的改进最好，应该开始什么样的项目，等等（Lyubomirskiy，Litvin，2003；Ikovenko，Jantschgi，2014）。

3.1　第1阶段：婴儿期

S-曲线的第1阶段是婴儿期。在第1阶段，系统仍在实验室中，尚未正常生产。技术系统在第一次执行功能时就"诞生"了。假设你发现超声波可以将两层物质分开，还可以从物体表面清除灰尘（这就是为

TRIZ技术创新指引：技术系统进化趋势（TESE）

什么它被用于清洗首饰，戒指和其他小饰物在浸入超声波清洗器后会像新的一样闪闪发光），可能就会想制造一种利用超声波去除衣服上污渍的机器。此时，你不知道如何将创意进行转化，制造的机器的样子，也不知道会花多少钱。你只是想到可以用一个特定的工作原理来做一件特定的事情，这就是系统"诞生"的时刻。一开始，系统设计和系统组件并不完善，系统组件之间以及组件和超系统之间的相互作用还没有经过调整。在这一阶段，MPV的增长幅度非常小，S-曲线几乎是平的。

原因

第1阶段MPV增长缓慢的主要原因有两个：资源短缺和技术瓶颈。

世界各地的人们每天都在开发新创意，人们拥有的创意往往比能开发的创意要多得多。我们没有时间、金钱，以及依赖（工程师或专家的）帮助去探索所有创意的可能性。这就是为什么不同的创意在第1阶段要争夺资源。许多伟大的技术之所以诞生于车库，就是因为发明家没有资源，只能自己开发创意。没有多少人或机构会在这个阶段出资予以支持，因为创意是否会取得成功还有很大的不确定性。

在S-曲线的第1阶段，MPV可能在很长时间内不会增长。人们可能期望MPV随着时间的推移逐渐增长，但往往事与愿违。这听起来可能奇怪，但一个小例子即可予以解释。想象有一条由多个纸链环构成的链子，如果你试着把链子拉开，那么整条链子的强度与纸的强度相同。为了增加链子的强度，你制造了一些钢链环，并用钢链环取代了一半的纸链环。但是，链子的强度没有变。即使你仅留下一个纸链环，把剩下的纸链环都换成钢链环，整条链子的强度还是和纸的强度一样。也就是说,虽然你之前在逐步改进链子,但MPV没有变。直到所有的纸链环都被钢链环取代,链子的强度才会迅速增加。因此,在我们解决每一个使技术系统无法进入市场或阻止其价值增长的瓶颈前,MPV基本上保持不变。

例如,莱特兄弟的飞机(见图3.7)已具备一切条件,如机翼、机身等,但直到一种重量轻、功率大的发动机被发明,他们的飞机才可以飞行。在那一刻,他们消除了第1阶段的最后一个瓶颈。轻型发动机被发明后,飞行高度、飞行距离等MPV迅速增长。

图3.7 莱特兄弟的飞机

标志

这一阶段及之后的每个阶段都有许多标志,其中有些是应优先考虑的主要标志。除了需要知道MPV表现外,我们还应该看看产品的市场表现。

TRIZ技术创新指引：技术系统进化趋势（TESE）

市场表现是最重要的标志之一。如果产品没有进入市场，那么其无疑处于第1阶段。例如，汽车行业中有数百项与燃料电池有关的专利，但这些专利都没有进入市场。又如纳米机器人，几十年来一直有关于纳米机器人的文章发表在期刊和会议上，但市场上并没有纳米机器人产品。不管技术多么先进，只要产品没有进入市场，就处于S-曲线的第1阶段。

第1阶段的另一个标志是对其他技术系统组件的改造。这个标志很好理解。当一个技术系统诞生时，可用于探索新创意的资源很少，因此，技术系统必须选择"免费"的东西：与其全部创造新组件，不如改造现有系统中已经开发的组件。

例如，最早的汽车没有专门的车身，因为没有钱来开发它们，所以开发人员使用马车，并在里面安装发动机［见图3.8（左）］。这些"马车"和马拉的车的外形一样。即使在今天，汽车行业的新发展，如全新的发动机技术，都是使用已经存在的组件（包括现有的具有传动系统和转向部件的标准车身）进行测试的［见图3.8（右）］。处于S-曲线第1阶段的技术系统通常从其他系统"借用"组件。这些组件可以在产品进入市场后变得专业化。

图3.8 1888年的奔驰专利汽车（左）；燃料电池测试车F-CELL（右）

因为"集成"有利于系统的发展,所以下一个标志是一个建议。在第1阶段,技术系统与超系统中的元素集成。超系统可能已经拥有基础设施、重要组件等,技术系统可以从与"富有"的超系统的"联姻"中受益,因为这样做有助于发挥技术系统的优势和增强技术系统的实力。

高超音速飞机可能非常有趣和有用,但技术还没有就位。市场上还没有高超音速飞机,实现这一创意需要很长时间。但高超音速飞机的工作原理可以与普通飞机上的发动机集成起来。在这种情况下,有"才"但无"财"的系统可以与拥有资源和实力的"富裕"系统集成。

同样,最初的蒸汽机的功率不高,也不可靠。在进化早期,很少有蒸汽船使用蒸汽机,因为蒸汽船在海洋中央意外停靠的风险太大。相比大型蒸汽船,海面上行驶的更多的是既有帆又有蒸汽机推进的船。这样,当没有风给帆提供动力时,蒸汽机可以使船移动,尽管它使船移动得很慢。帆仍然是当时主要采用的技术工具。旧的、众所周知的超系统和新系统之间的这种集成对两个系统的发展都有帮助:新系统获得了资源,一些技术瓶颈得到化解;旧的、众所周知的超系统获得了有意思的新特征。

另一个例子是TRIZ的传播。TRIZ是由根里奇·阿奇舒勒开发的。当时,他和他的学生想分享TRIZ,而不是试图通过TRIZ赚钱,因此,TRIZ并没有进入市场。由于TRIZ最初是用俄语进行开发的,而俄语在当时不是世界通用语言,因此没有多少人能教授TRIZ,而且相关著作和文章未被译成其他语言版本。幸运的是,人们将TRIZ与其他领先方法结合起来,如质量功能展开(QFD)、六西格玛、六西格玛设计(DFSS)等。这有利于TRIZ的发展,如果TRIZ成为这些方法的一部分，而且这些方法产生收益的话，那么TRIZ也能赚钱。

混合动力汽车是另一个例子：电气发动机或燃料电池与装配了内燃机的传统汽车这种超系统集成在一起。

第1阶段还有一个标志，即系统变体数量递增。在第1阶段，新创意会产生很多不同的变动，进而产生系统变体。这些变体仅仅是创意，而且成本不高，因此要创造它们，没有任何障碍。当系统接近第1阶段尾声时，变体的数量逐渐减少。在第1阶段结束时，通常只会剩下1个变体，此后，变体会被批量生产。其他创意要么消亡，要么静等开发。通常，只有1个变体存活下来并进入下一阶段。

财政资源的紧缺也表明系统正处于第1阶段。如果系统不进入市场，那么通常没有钱（或有很少的钱）被用于进行进一步开发。此时，系统可能会产生少量收入（如通过巡展、宣讲等），但支出多于收入。

综合来看，MPV表现和市场表现是第1阶段系统的主要标志。如果系统的MPV表现为一条平坦的线，并且没有进入市场，则其处于S-曲线的第1阶段。另外，还有其他标志可供参考，如对其他技术系统组件的改造、与超系统中的元素集成以及系统变体数量递增。

建议

还记得链子的例子吗？链子上还有一些纸链环。同理，对于第1阶段的一个建议是，找出并消除阻止产品进入市场的薄弱点。

在第1阶段产生许多创意和变体之后，必须决定将哪个变体推向市场，因为只有一个变体能在市场上取得成功。怎么知道该选哪个变体呢？在第1阶段产生的所有变体都是为了改进选定的MPV，但哪个变体才是最佳选择？很多时候，人们会选择最能改进MPV的变体，但这个选择是错误的。例如，如果我们有不同的引擎，MPV是速度，那么人们可能会选择能够提高速度的引擎。但在很多国家，汽车的速度往往是受限的，提高速度的引擎可能无用武之地。所以，最佳选择是最适合基础设施的变体，而不是能够改进MPV的变体。

例如，调制解调器（下文简称"猫"）是随着计算机家用化发展起来的，数据传输速率是它的一个重要的MPV。光纤"猫"比电话线"猫"具有更高的数据传输速率，但因为早期的电话线"猫"更容易连接到现有的基础设施，所以被广泛应用。

历史上也有需要优先考虑基础设施的例子。例如，在汽车刚被开发出来时，液氢和汽油都是可选燃料，且它们同时被推向市场。当时，煤油已被广泛用于路灯照明，汽油仅是生产煤油过程中的副产品且没有被实际应用，只是偶尔被用于治疗皮肤病。液氢一直是一种更好的燃料，但一直没有完善的基础设施予以支持：它没有办法大规模生产，没有办法运输，也没有办法储存或分销。但是汽油是可行的，汽油被当作药品出售，药店通常有小型的储存汽油的设施，因此，汽油成为最终选择。同样，LED灯也是为了适应现有灯座而制造的。这里有一个很重要的教训：分析超系统是第1阶段的一个重要步骤，因为基础设施是超系统的一部分。

如前所述，在第1阶段，建议将技术系统与当前的领先系统集成（例如，带有电机和内燃机的混合动力汽车）。

在第1阶段，仍然有可能从根本上改变一个系统，也就是说，系统的工作原理甚至也可以改变。在第1阶段，产品还没有进入市场，很容易改变。系统越成熟，改变就越困难。当产品已经是一种商品时，几乎什么都不能改变了。

另一个建议是分析极限，特别是技术的物理极限。要设计一个测量微小物体尺寸的系统，就应该考虑到，如果物体的尺寸小于光的波长，则不能使用光学方法。同样，如果正在为宇宙飞船寻找一种新型发动机，就应该研究相关技术的物理极限，以确保宇宙飞船可以从地球上升起。了解技术的物理极限对于找到正确的工作原理至关重要。

最后，请记住图3.6所示的一般建议：改进功能，降低成本。

3.2 过渡阶段

通常，过渡阶段出现在第1阶段的最后（Lyubomirskiy，Litvin，2003）。它非常重要，因为它是技术系统或产品进入市场并面临生命周期内最大竞争的时候。要了解竞争是如何在这一阶段影响产品的，可以参考以下内容。

想象有一只小狗睡在箱子里。在第1阶段，你不知道箱子里有小狗，因为你没有看到它，也没有听说过它。在过渡阶段，小狗长大了，试图跳出箱子。箱子里还有其他小狗，它们互相推搡、踩踏，争着往箱子外面跳。这就好像所有新兴产品或技术之间的竞争。这种竞争不是很危险，因为所有的小狗都很弱小。除了箱子里的竞争外，箱子外面有大狗环伺。小狗睡在箱子里时，大狗不在乎。然而，当小狗试图跳出箱子时，大狗就会认为小狗可能要与之争食。大狗更加强壮，

第3章 S-曲线分析与实用S-曲线分析

其中一些能在几秒内杀死小狗。这就好像新兴技术和领先技术之间的竞争。由于处于过渡阶段的产品同时面临两种类型的竞争，因此风险很大。

在过渡阶段，产品的声誉至关重要。它对社会因素、随机事件、市场因素、谣言等的干扰非常敏感。比如说，在铁路刚出现时，有多种传言：有些人认为，过快的速度会让人发疯，或者会导致头爆炸。

如前所述，只有一个系统变体可以成功进入市场，而其他变体都不能。与强大的系统集成有助于获得支持、资源和保护。这与"选择最适合基础设施的变体"的建议相辅相成，强大的超系统与基础设施的良好配合保护了年轻的系统并帮助其发展。这一原理也体现在微生物学中（见图3.9）。如果把两种不同类型的细菌A和细菌B放在一个培养皿中，它们就在同一个生态系统中竞争。其中，细菌A的生长潜力比细菌B大，但细菌A的孵化期更长。如图3.9所示，因为细菌B的生长速度更快，且更早开始使用资源，所以细菌A不能像在没有竞争的环境中那样有效地生长（见虚线）。在生长过程中，细菌B比细菌A占优势。

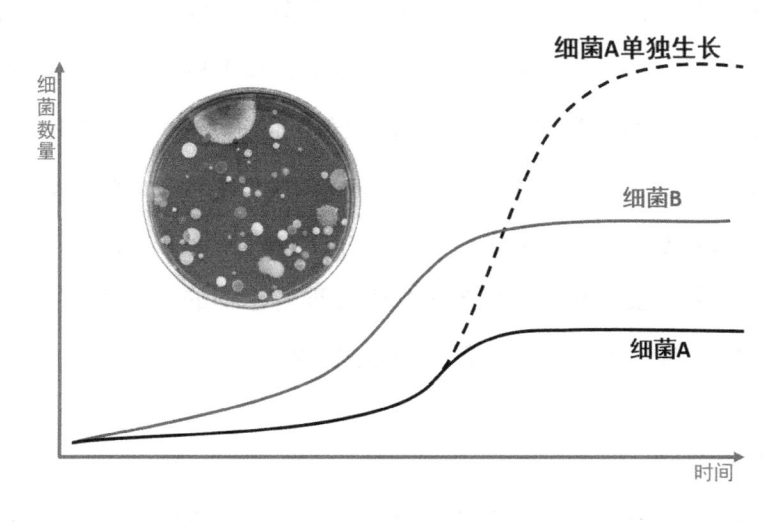

图3.9　S-曲线模拟：培养皿中的两种细菌（Lyubomirskiy，Litvin，2003）

当产品与基础设施相适应时，就可以立即增长，这是非常重要的。即便"慢热型"产品的潜力更大，也很容易被更快支配市场的产品超越。

原因

过渡阶段可以被理解为将技术系统推向市场的力量和阻止技术系统进入市场的力量之间的不稳定平衡阶段。危险力量之一来自领先竞争系统的利益相关者的抵制。新系统经常遭到攻击，有时甚至很荒谬。例如，为提倡使用直流电，托马斯·爱迪生用交流电对狗进行电击。在伦敦，早期的汽车不得不与马车竞争：与马车运输相关的行业制定法规以防汽车传播。其中，一项法规要求在汽车车头上安装一个马头模型，以防拉车的马受到惊吓；另一项法规要求每辆汽车前都要有一个人跑着摇铃，以警告行人。

因此，推广领先技术的人可能会影响立法，使新技术系统受到极大损害；然而，在许多情况下，政府可能会选择扶植一项新技术，特别是政府相信这项技术的重要性并希望促进其传播。例如，虽然在半导体刚出现时真空管的表现更好，但美国政府深信半导体是未来的主导技术，应该加快其传播。于是，美国政府开始征收"密封真空税"，以促进对半导体设备的使用。今天，许多国家（如德国）通过鼓励使用风力发电和光伏发电来加速实现对它们的广泛使用；许多国家向节能电器、低排放汽车等提供税收优惠。

标志

过渡阶段的一个标志是处于过渡阶段的技术系统几乎已经准备好

进入市场，但面临一些外部阻碍因素。例如，虽然干细胞技术在一些国家非常成熟，但在许多国家，它的发展受到伦理因素的限制，只能在一些利基市场找到像干细胞技术的产品。

过渡阶段的另一个标志是MPV表现的变化，此时，MPV增长得非常快。这种增长几乎是自我推动的。随着MPV日益明显，投资者认为风险较小，倾向于追加投资。投资的一部分被用于促进技术系统的进一步发展。随着发展速度加快，MPV再次增长。由于可用资源增多，技术系统在过渡阶段迅速改进。

建议

进入过渡阶段后，产品几乎已经做好准备，因此，必须决定：尽快将产品推向市场还是进一步改进产品。这个问题没有简单的答案，因为无论做哪一个决定，都有成功和失败的先例。

此时，产品的所有参数和特征都具有可接受的标准。例如，移动设备（如充电宝）不应在手中爆炸，出现外壳熔化的情况或产生其他类型的伤害。如果至少有一个产品参数是优秀的，就应该抓紧时间确定相应的利基市场或与该参数相关的应用领域，并尽快把产品推向相应的利基市场。

假设开发了一种新型电池，它可以使用20年且不需要维护或充电，但又大又重。这样的话，就应该寻找需要电池且能持续使用20年的场合，而不是试图让这种电池变得更小或更轻。接下来，应该尽快把电池推向这个利基市场。该市场是对新产品最友好的地方。此时，系统不再花钱，开始挣钱。最终，通过逐步改进，产品能够自我产生资源。总之，建议是让产品尽快进入市场，这里的"市场"是指产品最出色特征的利基市场，而不是更大的市场。

此外，与第1阶段一样，技术系统应继续与基础设施和资源集成。这种方法的优点在上文已有论述。

在此阶段，系统也可能发生根本性变化。然而，由于只有一种变体能够进入市场，此时不应再改变工作原理。在这个阶段改变工作原理就意味着从头开始。前期已经投入太多，在此阶段改变工作原理已为时过晚。

目前，TRIZ没有在市场上普及，所以，作为一种方法，它可能正处于过渡阶段。因此，建议尽快将TRIZ推向能够欣赏产品最出色特征的利基市场。就TRIZ而言，该利基市场与工程学领域相关，因为TRIZ最初就是为工程学领域开发的。目前，有很多把TRIZ带到其他领域的尝试，例如，现在有用于工商管理、立法、音乐等领域的TRIZ。如果我们遵循上述概念，就会知道：只有在TRIZ获得工程学界广泛认可并打下根基后，应用于音乐的TRIZ才会受到广泛认可。

3.3　第2阶段：快速成长期

技术系统一旦跃过过渡阶段，就会走向市场。产量迅速增加，MPV也快速增长，但仍未达到极限。技术系统会扩展到新的应用领域。因此，第2阶段是一个非常有活力的阶段。产品开始赚钱，并进一步吸引投资。这使其成为S-曲线上一个非常令人满意的阶段，企业都希望产品尽可能停留在这个阶段。

原因

由于技术系统远未达到可能的发展极限，价值或理想度可以持续增加或提高，例如，可以保持系统的成本不变，增加功能；或者，如果产品的功能增长得比成本快，那么成本增加甚至也是可以接受的。

在第2阶段，更多资源可以被用来改进产品。已进入市场的产品产生利润，更多的资金被投入新组件的开发中，产品趋于专业化。技术系统产生专门组件后，就不再需要从旧系统中"借用"组件了。在这一阶段，整个系统得到改进，效率得到提升。

此外，由于产品正在产生利润，外部各方都可能会为产品开发更高效的组件或寻找其他应用，外部各方的努力将助力产品成功。例如，洗衣机刚上市时，并没有多少家庭拥有，大概每一百户才有一台。当时没有洗涤剂行业，更没有专门用于洗衣机的洗涤剂，所以人们只是简单地把肥皂切成碎片，放进洗衣机。后来，随着越来越多的家庭购置洗衣机，一些公司开始投资开发和生产洗涤剂，它们认为这是一个很好的商机。许多顾客购买了这种特殊的洗涤剂，发现衣服洗得更干净了。这增加了洗涤剂公司和洗衣机制造商的利润，因为它提高了洗衣机的整体声誉。换言之，即使洗衣机制造商没有开发洗涤剂，也能从其他公司生产的补充型产品中获益。

标志

这一阶段最重要的两个标志是市场表现和MPV表现。就市场表现而言，你会发现：产品不只是存在于利基市场；产品在市场上的普及率提高，体量逐渐增大，产量持续增长。与其类似，MPV也表现为迅

TRIZ技术创新指引：技术系统进化趋势（TESE）

速增长。

在这一阶段，通过使用更高效的生产设备和利用技术生产更多的产品来增加产量，进而提升市场表现水平，技术系统进入量产阶段。这就需要对特定的生产设备和分配技术进行投资（见图3.10），而不断增加的产量和规模经济会使投资物有所值。

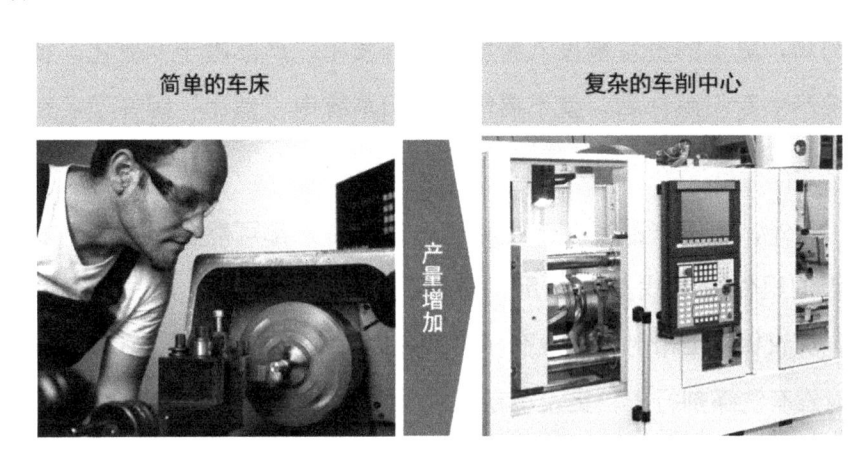

图3.10　低产量时，使用简单机械（左）；高产量时，使用复杂机械（右）

在过渡阶段，技术系统的变体曾经减少，通常只有一个变体进入第2阶段。但在第2阶段，会产生和使用越来越多的变体，它们的主要功能相同，但设计不同。在第2阶段即将结束时，变体的数量再次减少，因为技术系统的优化接近极限，最终会确定一个最优变体。由于具有进一步开发系统的资源，系统将获得额外的功能，这些新功能使技术系统可以应用于新的领域。因此，在第2阶段，同一个应用中有一个产品的多个变体（见图3.11），同一个产品的多个变体有多个新应用（见图3.12）。

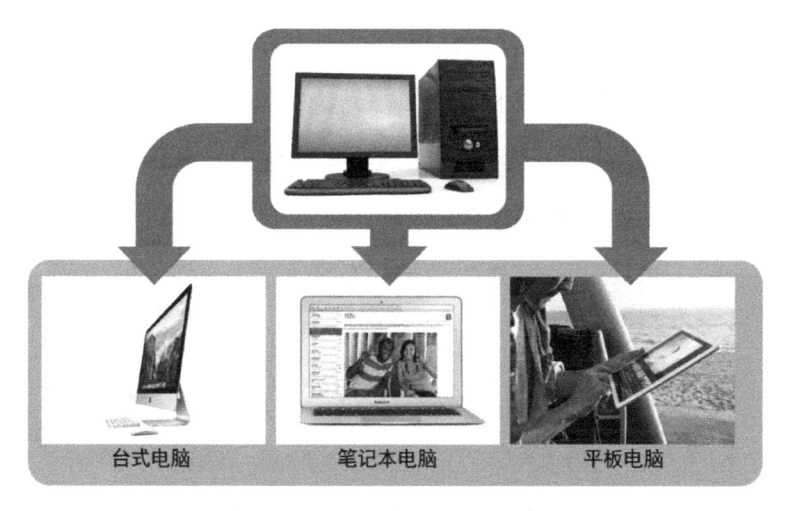

图3.11　同一个应用中有一个产品的多个变体

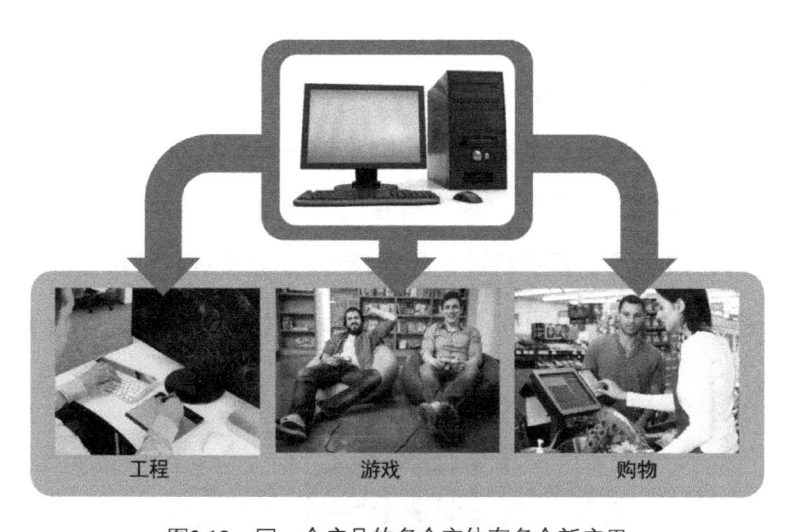

图3.12　同一个产品的多个变体有多个新应用

通常，技术系统会获得与系统原本的主要功能非常接近的新功能。例如，加油站最初只销售汽车燃料。渐渐地，这个系统获得了与主要功能相近的额外功能，如洗车或修车。

在第2阶段即将结束时，系统的不同设计和变体的数量减少。开发人员已经很好地理解相关技术,而且无论由谁来生产产品,优化的结果都是类似的(见图3.13)。例如,无论飞机的制造商是谁,飞机的机身看起来都是类似的,都是朝着流线型优化的。也许在第2阶段的早期,你可能会看到一些不同的设计。

图3.13　系统的设计和变体的数量减少

在过渡阶段,由于自身资源不足,技术系统试图适应超系统中的要素;但进入第2阶段后,由于获得了资源,超系统就会朝着技术系统的方向改变和调整。例如,餐馆和咖啡馆是最早在提供食物和咖啡之外提供互联网接入的场所;现在有专门为想上网的顾客提供服务的网吧。同样,如果我们看手机进化的第2阶段就会发现,许多物品(如衣服、钱包、汽车等,见图3.14)都有专门为手机准备的支架或袋子。

图3.14　超系统适应技术系统:手机袋

前面讨论的洗衣机的案例显示出系统开始消耗专门为其开发和生产的资源。之所以发生这种情况，是因为用于提高第2阶段产品使用率的其他产品可以获利。

建议

对第2阶段的主要建议是优化。这在TRIZ中是十分不寻常的。因为在优化产品时，会寻找各种参数的最佳组合；这是在妥协，而不是解决矛盾。

特别是在经典TRIZ中，妥协不是目标。使用TRIZ时，需要解决矛盾并在不妥协（即不使另一个参数恶化）的前提下改善一个参数。所以，进行产品优化时，典型的工程方法，如六西格玛和六西格玛设计，就很适合，它们可以极大地帮助开发和比较不同的参数组合与参数变化。

在这个阶段，建议是优化而不是解决矛盾，是因为解决矛盾需要时间（即便使用TRIZ）。在技术系统盈利时，不应把时间花在进行大规模改进上。在这个动态阶段，快速进行较低级别的改进更为有效（见图3.15）。优化可能会让一些TRIZ爱好者失望，但它确实是本阶段的正确策略，它为技术系统提供了实现轻松快速的增长及盈利的可能性。

与上述标志呼应，另一项建议是为技术系统寻找新的应用领域。例如，闪存卡是为存储和传输计算机文件而开发的，但不久之后，它被应用于其他领域，如数码摄影（数码相机）、便携式音乐播放器、导航系统（导航仪）、汽车娱乐系统、航空航天等领域（见图3.16）。

图3.15　在第2阶段，优化比进行大规模改进更加适合

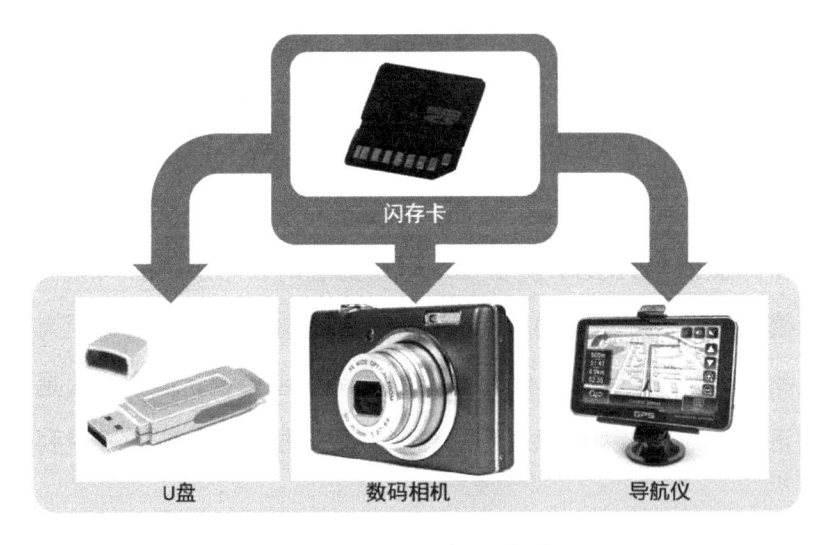

图3.16　闪存卡的应用领域

进行优化时，可能会遇到系统的一些缺点。一方面，建议通过减少副作用使缺点最小化。以化疗为例，患者没有时间等没有副作用的药物被开发出来，所以，他们只能在使用有副作用的化疗药物的同时

服用额外的药物,来缓解副作用产生的症状。另一方面,建议寻找不介意系统缺点的利基市场。以人工机械心脏的应用为例,目前的机械心脏体积太大,一些人无法安装。医生首先将机械心脏移植到体型较大的人身上,因为根据统计学规律,体型较大的人的心脏也较大。

3.4 第3阶段:成熟期

随着继续改进系统,创新的成本的增加速度最终将超过系统功能的增加。可以继续增强系统,但得到的回报越来越少,这标志着系统正在接近开发极限,进入S-曲线的第3阶段:成熟期。在这个阶段,即使继续加大投入力度,技术系统的发展速度还是会急剧下降。系统中的单个或多个矛盾变得更加突出,优化不再起作用。此时只有解决矛盾,技术系统才能停留在S-曲线上;如果解决不了矛盾,就应考虑取代此时的技术系统的下一个系统了。

在这一阶段,产品产量趋于稳定。但在某些特殊情况下,产量可能会继续增长(例如,当产品进入发展中国家的市场并生产时)。

原因

技术系统进入第3阶段的主要原因是达到了开发极限。想花费较少就改进系统功能变得越来越困难。系统的成本和其他有害因素迅速增加。

物理极限,如光的波长、声速、光速等,可能使技术系统脱离第2

阶段。如果技术系统的工作原理是基于物理规格的，就可能受限于有限的物理值。

经济状况也可能对增长造成限制。经济极限有时很难确定，因为其是由企业决策者确定的。例如，从汽车的发展情况来看，未来的趋势是进行轻量化设计，以减少燃料消耗。所以，一段时间以来，汽车确实越来越轻，但后来达到了极限。这并不是一个物理极限，因为赛车和军用汽车通常是超轻的（通常使用特殊材料）（见图3.17）。实际上，这是一个经济极限。赛车队和军方为制造超轻汽车所做的特殊努力对汽车行业来说并不划算。客户不会为进一步减重埋单，因为对他们来说，这样做的好处很小。

图3.17 一级方程式赛车和军用汽车的轻量化结构最终将用于传统汽车

经济极限可能是暂时的。随着时间的推移，一些材料和技术将越来越便宜（因为它们也遵循S-曲线），一些经济极限可能会最终消失。例如，形状记忆金属曾经非常昂贵，仅用于航空航天工程等非常特殊的领域；如今，它的价格便宜得多，被用于汽车行业，甚至服装行业（使男士衬衫的领子在洗涤时保持笔挺）。这种经济极限的变化可能会使产品从第3阶段回到第2阶段。因此，与人类相反（至少目前人类还不行），技术系统可以"返老还童"。

使用者极限也可能限制技术系统的发展。这种极限是由使用者的生物或其他特征造成的。例如，袖珍计算器曾经出现在市场上，后来，它们变得越来越小，有些甚至与手表结合在一起，然而此时计算器的按键对用户的手指来说太小了，这就造成了使用者极限。从理论上讲，制造商可以制造微型按键，但由于存在使用者极限，这种按键不切实际。同样，即使喜欢特大号床，也用不着造一张$10m \times 10m$的床，因为没有人会使用这么大的床，使用者极限决定了床的大小。

超系统也可能产生极限。例如，微波炉加热食物的速度比过去快得多。但快速加热会使食物中的水分蒸发过快，导致食物外观发生变化。因此，虽然可以通过技术提高加热速度，但由于存在"食物的均匀性"这个超系统极限，反而不可以使用快速加热产品，此时产品决定了极限。另一个超系统极限是基础设施的情况。例如，坦克和军用车辆不能任意扩大规格，因为运输船和卡车、道路、桥梁和基础设施的其他部分限制了坦克的尺寸和重量（见图3.18）。卡车可以造得更高、更宽、更长，但基础设施限制了这些增长。

法律极限是由超系统中不同的法律和司法规则所赋予的，如道路交通的速度限制就是这一领域的一种极限；国际法禁止开发化学武器；有些国家限制对基因技术的研究。像经济极限一样，法律极限也可能快速变化。

图3.18 基础设施限制了军用车辆的规格

心理极限很难预测，因为心理测量和评估既困难又不精确。当"拉拉裤"（与传统的包裹式尿不湿不同，这种尿不湿采用类似内裤的设计，穿脱时有更接近真实衣物的体验）首次出现在市场上时，出现了奇怪的情况：在某些国家，它获得了巨大成功；而在其他市场，它却一败涂地。经过大量研究找出了原因：在某些市场，父母在使用这种新型尿不湿时，潜意识里感觉到与婴儿的交流减少了。因为在使用老式尿不湿时，他们把婴儿抱在手里的时间更长，对婴儿的抚摸也更多；而新型尿不湿可以很快就穿上，不需要与婴儿有太多接触，所以他们与婴儿的沟通时间缩短了。一些家长因此不再购买这种新型产品。可见，在消费品领域，应对心理极限尤为重要。这一领域有时需要进行大量非常敏感和严肃的研究。

除了达到极限之外，系统还可能基于另一个我们影响范围之外的原因进入第3阶段：超系统中的某些改变、突变或其他变化。例如，随着时间推移，骑手和马车车夫使用的鞭子从一个整体变成由很多节组成的鞭子（遵循"动态化增强趋势"）。如今大多数鞭子是柔性的。参考动态化增强趋势，我们可能会认为应该开发液态或气态的鞭子；此外，利用场的鞭子，如电鞭或激光鞭也应该在市场上出现。但到目前为止，这种情况还没有发生。这是因为超系统发生了变化，马不再是我们的主要交通运输工具，所以为交通运输市场开发新鞭子的前景并不乐观。虽然鞭子有很大的进化潜力，但已经没有商家对其展开研究了，因为市场已经失去了兴趣。普通的鞭子在没有达到进化极限时，就从第2阶段进入第3阶段。

除上述原因外，成本和有害因素的快速增长也可能会使技术系统进入第3阶段。例如，在一个城市中，汽车数量快速增长并在达到饱和点后，导致交通堵塞、停车位不足和空气污染达到临界水平。

总之，许多极限可能拖累技术系统发展。其中，有些非常稳定，有些可能会随着时间的推移而改变。此外还需要考虑超系统的变化以及成本和有害因素。

标志

产品处于第3阶段的最重要的标志是：产品已经出现在市场上。此时的产品易得，人们仍在购买。此时的产品通常是大规模生产的便利商品。MPV表现为一条平坦的线，因为如果不过量增加成本，就无法进一步改进技术系统的功能。

在第3阶段，技术系统消耗专有资源。例如，最初的汽车是用水和肥皂清洗的，如今有许多不同的专用清洁剂，它们被用于清洁汽车的轮胎、轮毂、内饰、漆面、保险杠等。现在有汽车美容这个完整的行业。

超系统中有许多专门设计的、用于满足技术系统需要的组件：用于容纳技术系统的组件、给技术系统提供空间的组件、给技术系统提供所需要的其他东西的组件（见图3.19）。

图3.19　超系统适应技术系统的表现

此时，产品会再一次产生许多不同的变体。这些变体之间的区别主要在外观或设计美学方面，而不是技术基础或工作原理方面。例如，在图3.20中，所有光学鼠标都具有相同的工作原理，但形状、颜色和外观是不同的；女装的MPV没有发生明显的变化，但设计美学的变化显著。这些例子表明，一个系统可能会在第3阶段停留几个世纪。

图3.20 不同的光学鼠标和几个世纪以来的服装

第3阶段的另一个标志是，技术系统增加了与主要功能没有太大关系的额外功能。例如支持血液循环的"生物电视"、给司机按摩的汽车座椅、可以阅读短信的汽车娱乐系统等。

建议

对这一阶段的建议覆盖不同的时间范围。

就产品中短期发展而言，应降低成本。这时需要使用TRIZ工具——裁剪。如果无法让产品产生实质性改变，就可以开发新的服务组件。例如，厨灶可以获得新的服务组件：计时器、空气净化器、彩色烤箱灯、自动清洁功能等。设计的外观变化是使产品有意思的典型方式。

就产品长期发展而言，必须准备让产品跃迁到另一条S-曲线上。需要确定技术系统的矛盾和已经达到的极限，然后解决矛盾以克服极限，通常是通过开发和使用另一种工作原理实现的。从长远来看，深

TRIZ技术创新指引：技术系统进化趋势（TESE）

度裁剪、与备选系统集成、过渡到超系统，都是改变工作原理的好方法。图3.21展示了笔的不同发展阶段：墨水瓶被裁剪后，功能由能够储存墨水的钢笔执行；然后，钢笔的吸墨器被裁剪，圆珠笔中的墨水通过毛细管力输送；在毡头笔中，储存和输送墨水的系统采用多孔材料，墨水从多孔材料的尖端被释放出来。

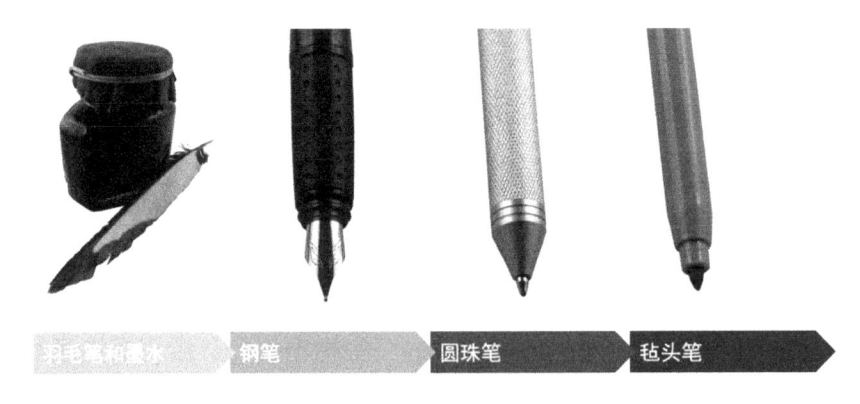

图3.21　从羽毛笔和墨水到毡头笔

长期运作的唯一方法是跃迁到另一条S-曲线，可以通过不同方式实现。一种实现方式是：跃迁到基于同一MPV的另一条S-曲线［见图3.22（左）］。这条新曲线代表一种基于新的工作原理的新技术。与当前系统相比，它的极限不同，有更大的MPV增长潜力。另一种实现方式是：寻找另一个MPV［图3.22（右）中"MPV2"］，在MPV2上，系统处于S-曲线的早期阶段，还有改进空间。在这种情况下，不需要改变系统的工作原理，但必须转换到另一个MPV上。以汽车行业为例，我们发现油耗、安全性和速度（德国除外）几乎都处于第3阶段，但我们仍然能够找到处于第2阶段初期的MPV，如舒适度、污染情况等。

跃迁到基于同一MPV的另一条S-曲线通常被认为是一种突破性创新（与所谓的"维持性"创新相反）。

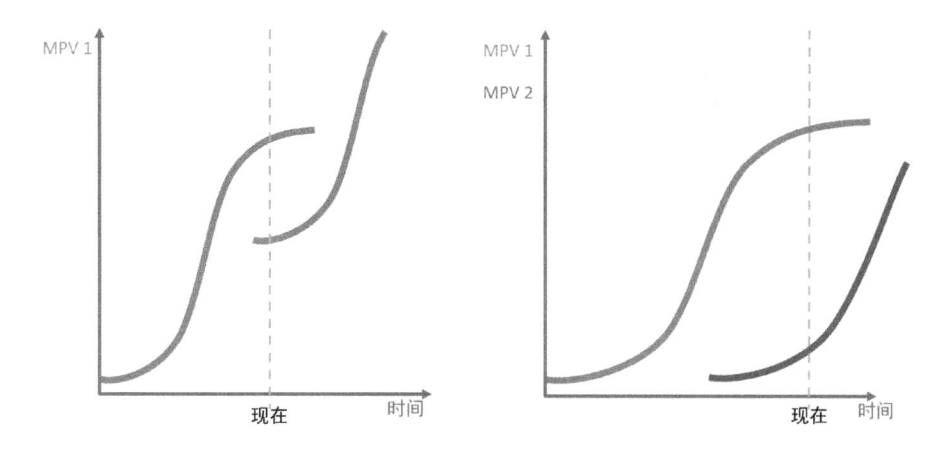

图3.22 跃迁到同一MPV（左）；不同MPV（右）的S-曲线

3.5 第4阶段：衰退期

当技术系统与处于第3阶段的更为年轻的系统集成却不起作用，并且没有年轻系统希望与之结合时，技术系统就进入第4阶段。此时的技术系统陈旧，资源流失，产量大幅下降，功能和利润降低。

原因

系统进入第4阶段的主要原因是：处于第2阶段的年轻系统进入市场，把旧的系统挤出市场。例如，计算尺被袖珍计算器取代，胶卷相机被数码相机淘汰。

如果超系统发生改变，使人们不再需要系统的功能，系统就会进入第4阶段。例如，人们不再大量需要吸墨器，因为超系统从钢笔变成了圆珠笔（见图3.23）。

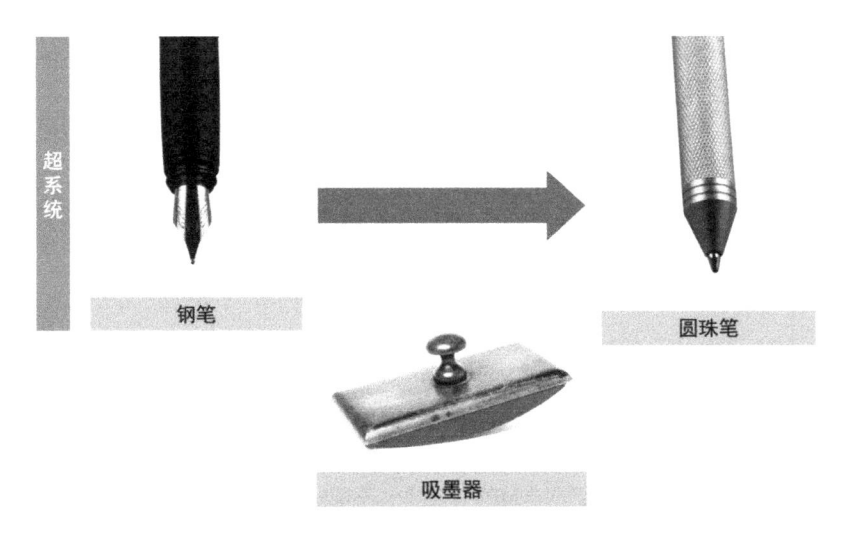

TRIZ技术创新指引：技术系统进化趋势（TESE）

图3.23　超系统的改变使人们不再需要系统的功能

标志

系统在第4阶段的市场表现与过渡阶段相似。它无法在市场上生存，但可能存在于一些孤立的利基市场。在此阶段，MPV下降，这也是唯一的一个MPV下降的阶段。

系统进入第4阶段的另一个标志是：系统丧失了实用性目的。例如，虽然人们依然在制造和售卖浆轮船，但它已经从过去的主要运输系统变成现在的一种景点、娱乐手段或装饰品。这个阶段的系统可能是玩具或运动设备。比如，印第安战斧、长矛、弓箭或布谷鸟钟等都成了纪念品或收藏品。

但一些技术系统仍存在于非常专业的利基市场，并仍然在这些市场上执行功能。例如，寻呼机曾是一种常见的通信设备，现在基本上已被手机取代。然而，即使在今天，一些公司也仍然生产和销售寻呼机，以供医院、餐馆、消防队等使用。

在第4阶段，技术系统也可能被集成到超系统中。例如，车载GPS正越来越多地被集成到汽车的娱乐系统中。

建议

对第4阶段的产品，有两个主要建议：将其转化为一次性商品或将其转化为奢侈品（见图3.24）。如今，可以在奢侈品店花上万元甚至更多的钱买一支钢笔。这类似于产品跃迁到另一条S-曲线：此时，MPV与"把墨水涂在纸上"无关；新的MPV可能是"用户希望彰显身份"。

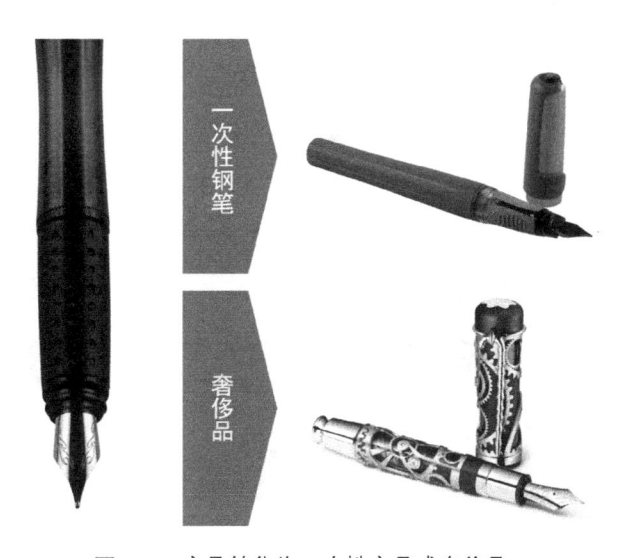

图3.24　产品转化为一次性商品或奢侈品

一次性商品和奢侈品都符合一般性建议，即寻找商品仍然具有竞争力的利基市场。除此之外，第3阶段的建议也可用于第4阶段。中短期建议是：降低成本、创建服务组件、进行外观改进。长期建议是：解决矛盾、克服极限、转换工作原理、进行深度裁剪、与备选系统集成、向超系统过渡。

第4阶段的特殊情况：重生

有时，系统可以从第4阶段回到第2阶段。这通常发生在新技术、新方法或新材料出现时。重生的另一个原因可能是产品的应用出现了新情况。图3.25显示了盔甲的历史和防护效果这一MPV。中世纪时，盔甲的防护效果受使用者的限制，一名骑士能够穿几重盔甲是有限制的。同时，武器变得更加危险，使盔甲的防护效果进一步降低，盔甲技术几近消失，沦为装饰品。但随着凯夫拉（Kevlar）等新材料的研发成功，盔甲又有了用武之地。警察穿着这样的盔甲。护盾也以类似的方式进化。

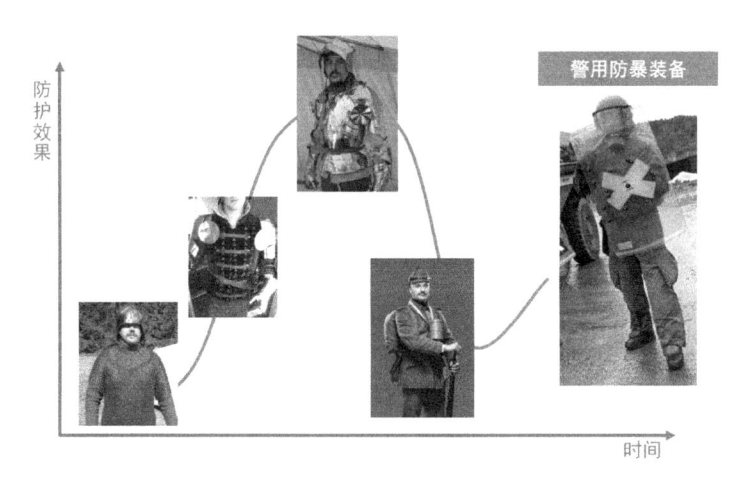

图3.25 警用防暴装备中盔甲的重生

3.6 实用S-曲线分析的建议总结

S-曲线分析是技术预测项目的标准组成部分，也被用于各种类型的与专利相关的项目。如果知道MPV，实用S-曲线分析就可以确定产品

第3章 S-曲线分析与实用S-曲线分析

在S-曲线中的位置。在此基础上，每个阶段的建议都可以用于决定下一步应该进行什么样的研发。

可以将S-曲线分析作为标杆管理工具，可以尝试在同一条S-曲线上确定定位系统和竞争系统。例如，为了确定系统的未来发展潜力，可以对MPV进行预测性分析，看看哪些竞争系统在未来五年内将处于第2或第3阶段（如果此时新系统正在尝试离开过渡阶段）。

根据产品在S-曲线中的位置，研究、工程和开发人员可以确定何时使用何种工具。第1阶段，让产品快速进入市场，是TRIZ大展拳脚的时机；第2阶段，使用传统工程和六西格玛中的优化工具进行优化，也可以使用TRIZ对产品进行较小改进，但不可以改变产品的工作原理或做出其他根本性的改变；第3阶段，TRIZ再一次成为最佳选择，因为要对产品做出巨大的改变，要解决矛盾并进行深度裁剪。

请记住，MPV是确定产品在S-曲线中所处位置的最重要的指标，也是系统发展的最重要驱动因素。虽然趋势、其他规则和方法给出了建议，但是系统只会朝着"市场想要"的方向进化，这就是为什么趋势并不适合每个系统以及为什么系统有时会跳过趋势所建议的步骤，甚至倒退。市场（用MPV代表）想要什么，就会发生什么。例如，床在很大程度上遵循了动态化增强趋势：它从一个刚体进化到由多个组件组成的床，然后进化到折叠床、带铰接的床、水床、充气床，所有这些床都可以在大众市场上买到，因为人们愿意埋单。这意味着这些产品满足了某些MPV。相比之下，桌子虽然也从刚体进化到由几个不同组件组成的桌子，再到带有折叠板的桌子等，但是还没有带有液态或气态组件的桌子。可以构思很多与之相关的有趣的创意，但没有人会为之埋单，因此也没有相应的MPV。趋势这一TRIZ工具只是指出某个系统可能会以一种特定方式进化，而不是说系统一定会朝着一个预测的方向进化。如果某个改变不能改善MPV，那就什么也不会发生。如果想赚钱，MPV就是主要驱动力。MPV反映了客户的声音（VOC），技术系统进化趋势表明产品的声音（VOP）。

图3.26说明了主要标志与S-曲线各阶段之间的关系。

	第1阶段	过渡阶段	第2阶段	第3阶段	第4阶段
市场表现	无	利基市场	大规模生产	大规模生产	利基市场
MPV表现	不增长	增长	增长	不增长	下降

图3.26 产品各阶段的主要标志

请记住：一个技术系统可能有多个MPV，任何一条S-曲线显示的只是其中一个MPV表现。在不同S-曲线上，技术系统可能处于不同位置。此外，在进行分析之前，S-曲线的时间范围不固定，未知，如有的系统几十年或几百年都停留在一个阶段。在非常不稳定的行业，系统有可能无法到达第3阶段，因为它在第2阶段就被新技术取代了。在任何S-曲线分析中，面临的最大挑战是确定时间框架。比较不同指标的曲线和数值的外推情况可能会有所帮助，但也可能产生误导。识别时间框架的更好方法仍有待研究。

另一个有趣的事实是：处于第1阶段的新系统通常比处于第3阶段

的现有系统具有更低的MPV（见图3.27）。这是绝对正常的，因为新系统在开发初期没有足够资源来发掘全部潜力。很多时候，企业经理不明白这一点，他们把新系统似乎不如现有系统的事实归咎于开发人员。所以，研发管理层必须合理安排项目时间，以使准备进入第2阶段的新系统的MPV高于现有系统。

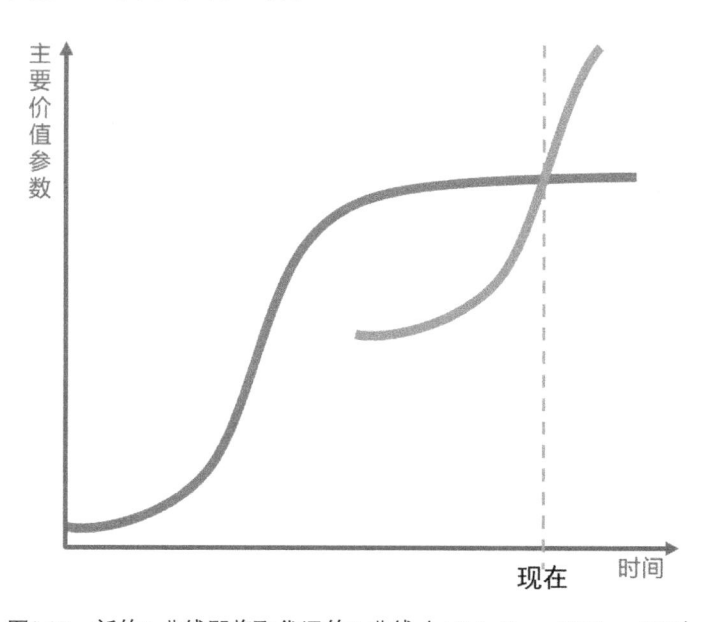

图3.27 新的S-曲线即将取代旧的S-曲线（Altshuller，1984，p.205）

第4章

技术系统进化趋势（TESE）

TRIZ技术创新指引：技术系统进化趋势（TESE）

技术系统进化趋势（TESE）是TRIZ的一个重要组成部分。在阿奇舒勒开发TRIZ时，人们只是在抽象层面上谈论趋势、法则、模式和路线。如今，趋势更具操作性，因为人们已经发现了更多"如何在实践中利用趋势"的知识。

第2章介绍了不同的趋势清单和对趋势的不同分类方法。第3章详细阐述了S-曲线进化趋势，因为它非常复杂和重要。本书的其余部分将探讨如图4.1所示的层次结构中列出的其他趋势。以下讨论的所有趋势都按层级顺序对S-曲线进化趋势做出贡献。

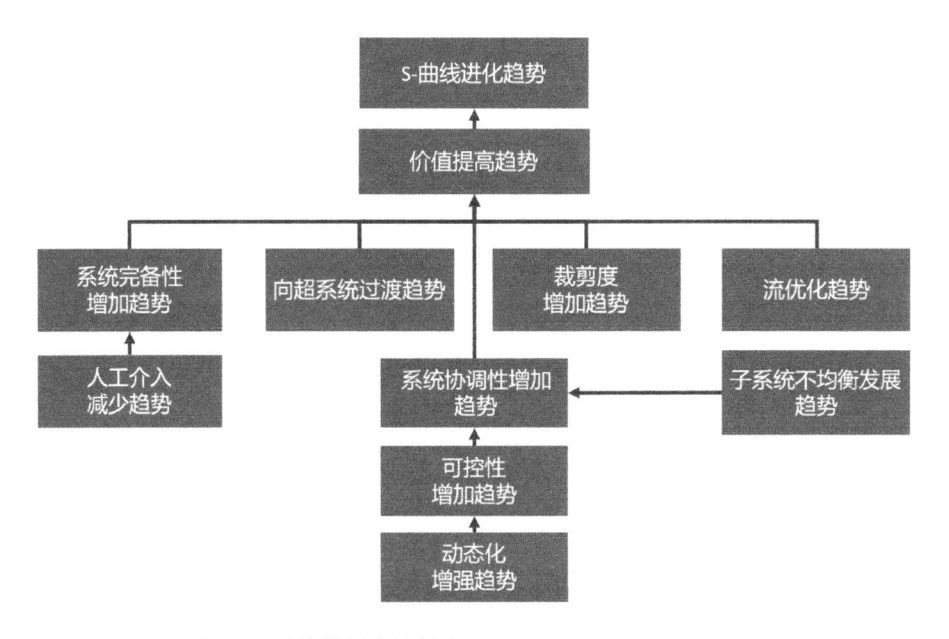

图4.1 趋势的层次结构（Lyubomirskiy, Litvin，2003）

当让技术系统沿着某个趋势进化时，它在其他趋势上的进化也会受到影响。例如，当增加系统组件的完备性时，系统也可能变得更加协调。系统的进化以各种方式与不同的趋势相互影响、相互联系。目前，这种层次分明的趋势体系尚不能为解决问题提供具体指导，它更像一个支持系统，在讨论系统可能为进化而采取的步骤时提供帮助。对于一些趋势已有相当多的阐述，另一些还没有；某些趋势与TRIZ工具有关，某些则没有；这一领域还有很大的研究和操作空间。

接下来，按照柳博米斯基（Alex Lyubomirskiy）和利特文（Simon Litvin）开发的TESE指南以及相关培训材料（Lyubomirskiy，Litvin，2003；Ikovenko，Jantschgi，2014）详细介绍TESE。

4.1 价值提高趋势

因为价值提高趋势具有普遍性，所以它处于趋势层次结构的顶端。该趋势表明：随着系统的进化，它的价值也在提高。其中，价值是总的功能与成本的比值。如果我们称其为理想度提高趋势，那么其中的理想度则是系统产生的好处与支付因素的比值。这两个定义非常相似，在现代TRIZ中，该趋势的首选名称是价值增加趋势。所有其他趋势都是这一趋势的机制。因此，可以通过裁剪、将系统与其他系统集成、提高系统完备性等方法来提高价值。换句话说，有很多方法可以提高系统价值。这就是为什么其他趋势是价值提高趋势的机制。

此外，价值提高趋势有内部机制，这些机制是以S-曲线进化趋势为基础的。根据产品在S-曲线上的不同位置（见图4.2），有不同的提高产品价值的建议模式。

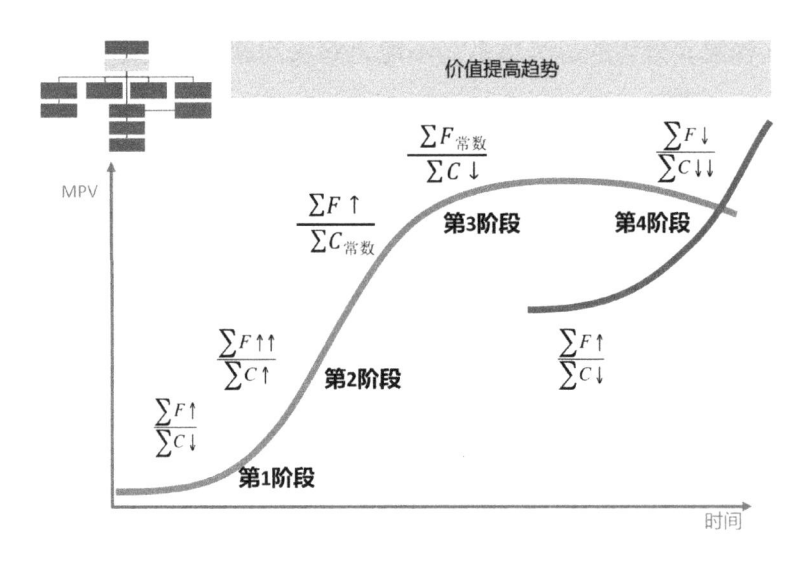

图4.2　根据S-曲线的位置提高价值的建议（Ikovenko，Jantschgi，2014）

在第1阶段，最合理的建议是在提高功能的同时降低成本。在S-曲线的每个阶段都建议使用这种方法，因为它是提高价值的最快方法，但在后续阶段使用这种方法会比较困难。因为当系统还非常年轻时，很多东西可以改变和开发，这意味着有很多机会在降低成本的同时改进功能。例如，在电子计算机所在的早期阶段，出现了基于真空管的计算机；随着半导体的出现，转向基于半导体的组件对功能和成本产生了极大影响。

在第2阶段，功能增加应该比成本增加快得多，或者功能增加而成本不变。根据系统完备性增加趋势，在第2阶段，许多新组件被添加到系统中。因此即使成本增加了一点，功能也应大幅增加。

在第3阶段，应该寻找降低成本的方法，不再试图提升功能。在第4阶段，应该改用功能性相对较差的廉价产品，如一次性产品。例如，陶瓷杯的功能性比一次性塑料杯高很多，但一次性塑料杯便宜得多。

4.2 系统完备性增加趋势

阿奇舒勒在研究（Altshuller，1984，pp.223-224）中指出，系统通常有四类功能：执行装置功能、传动功能、能量源功能和控制系统功能。这些功能是系统运行所必需的。当执行机构执行主要功能时，能量（场）从能量源传输到执行装置，使系统运行。控制系统（既可以是系统的一部分，也可以是超系统的一部分）用于控制运行和其他所有功能（见图4.3）。

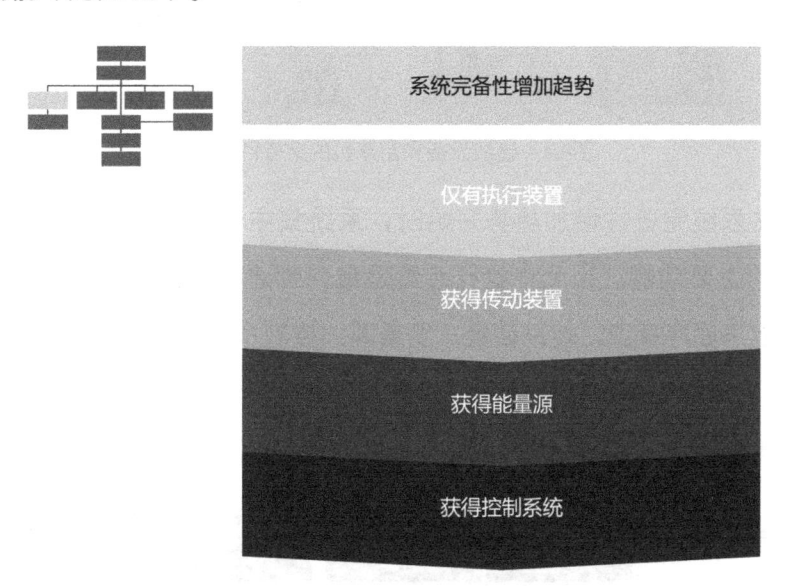

图4.3 系统完备性增加趋势

系统完备性增加趋势表明：一个系统最初通常仅有执行装置和某种传动装置，能量源和控制系统一般是从超系统中借用的。例如，最开始的缝纫工作只使用针和线，人体肌肉是能量源，人脑控制着缝纫系统；缝纫机被开发出来时，踏板和飞轮合并，成为新的传动装置；人们开始使用电机驱动缝纫机时，能量源被嵌入系统中；现代缝纫机包含不同程序的控制单元,用于缝制不同的纺织品,此时人工介入最小化(见图4.4)。

图4.4 缝纫设备和割草机的完备性增加

在系统完备性增加趋势开始时,系统集中于最重要的事情上,即系统的主要功能。因此,执行装置是最先创建的。其他功能模块则通常按以下顺序获取:传动装置、能量源、控制系统(见图4.5)。

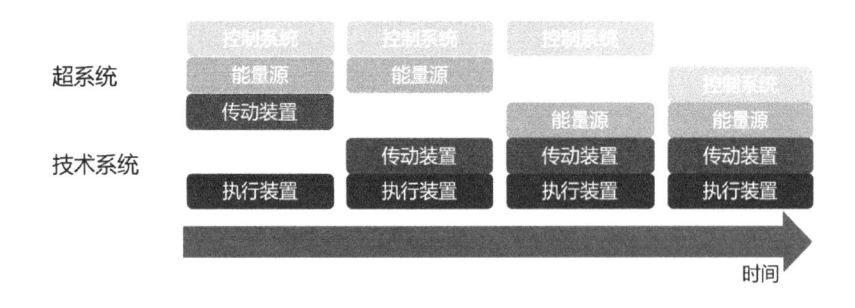

图4.5 系统逐步获得功能

通常,这种逐步获得功能的过程不仅仅包含一连串的四个步骤。在大多数情况下,这个过程被分成更多不完整的步骤。例如,缝纫机的控制系统最初仅有一个电源开关,它可以完成不同类型的缝合工作；之后出现了更复杂的程序，如用于产生扣眼和其他缝制结构。

汽车也是按照这种逐步发展的方式进化的。多年来，工程师已经设计出具有越来越多控制功能的汽车，如防抱死刹车、动力转向、巡航控制或自适应巡航控制、加速控制、司机睡意检测、车道偏离警告等，这些功能最初都是由司机来完成的。如今的司机只需要执行"驾驶"这一主要控制功能（真正的自动驾驶汽车除外）。虽然自动引导车（AGV）包含控制系统，但其主要功能不如在道路上行驶的汽车的主要功能那么复杂。

系统完备性增加趋势与S-曲线的第2阶段非常吻合。在此阶段，系统的功能显著增加。各趋势在系统的整个S-曲线上都对系统产生影响。但在系统的不同进化阶段，某些趋势比其他趋势更具主导性。研究趋势在S-曲线的哪个阶段最活跃，可以得出进行系统开发的相关建议。

4.3 裁剪度增加趋势

裁剪指的是在去除系统中某些组件的同时保留被裁剪组件的有用功能的过程。有些人认为"裁剪"就是简单地去除系统中的某些组件，不过，保留有用功能同等重要。通常，有用功能被分配给其他组件来执行，因此得以保留。所以，在裁剪之前必须进行深入细致的功能分析，否则可能会在不知道某个组件执行了有用功能的前提下将其裁掉。在这种情况下，不但没有改进产品，反而可能使产品变得更糟。例如，剃须凝胶本应是剃须泡沫的一个改进版本，但它并没有提供剃须泡沫所具有的全部有用功能。由于剃须凝胶是透明的，使用者

TRIZ技术创新指引：技术系统进化趋势（TESE）

无法确定已经剃过哪些部位，因此，在把使剃须泡沫上色的组件裁掉时也把有用功能裁掉了。

裁剪度增加趋势基本表明：随着技术系统的进化，我们将裁掉越来越多的组件；我们既可以裁掉设备的组件，也可以裁掉技术流程的组件，即步骤。在裁剪过程中，虽然系统组件被裁掉了，但系统的价值仍然会增加。因为裁剪通常通过节省材料、减少工作和其他因素来降低成本，系统的有用功能保持不变。裁剪是一种普遍的趋势，可以在系统进化的全过程中使用；但通常在后期，如第3和第4阶段更为重要。

裁剪总体上指在去除组件的同时保留有用功能的过程，但也有变体。例如，"部分裁剪"指的是：要裁剪系统中的某个特定组件A时，将A的有用功能分配给其他组件来执行；在寻找能够执行上述有用功能的组件时，A已经由于功能范围的变化不再需要被裁掉了。因此，"部分裁剪"可能会产生这样一种情况：本来需要被裁掉的组件最后没有被裁掉，因为裁剪过程使这个组件发生了变化，所以不需要将其裁掉了。在某些项目中，团队试图完全裁剪某组件，却没有意识到"部分裁剪"的好处。例如，系统中某个组件的体积很大，因为需要节省空间，所以想把它裁掉。假设这个组件有三个有用功能，需要把有用功能分配给其他组件执行，在成功分配了两个有用功能后，这个组件已经缩小了，可以对剩余的有用功能稍做改动而使其留在原系统中。因此，一个实用的建议是：在裁剪过程中，随时检查问题是否消失，如果问题消失，则不需要继续裁剪。

裁剪度增加趋势是价值提高趋势的主要子趋势之一，通过功能分析和裁剪技术等分析工具可以使用该趋势及其子趋势。以下部分将详细介绍可以裁掉什么以及按什么顺序裁剪。至于如何裁剪，裁剪规则和功能分析将提供详细的分步信息。

为在现实生活中使用裁剪度增加趋势（见图4.6），需要了解以下三个子趋势（或机制）：

- 裁剪子系统；
- 裁剪操作；
- 裁剪价值最低的组件。

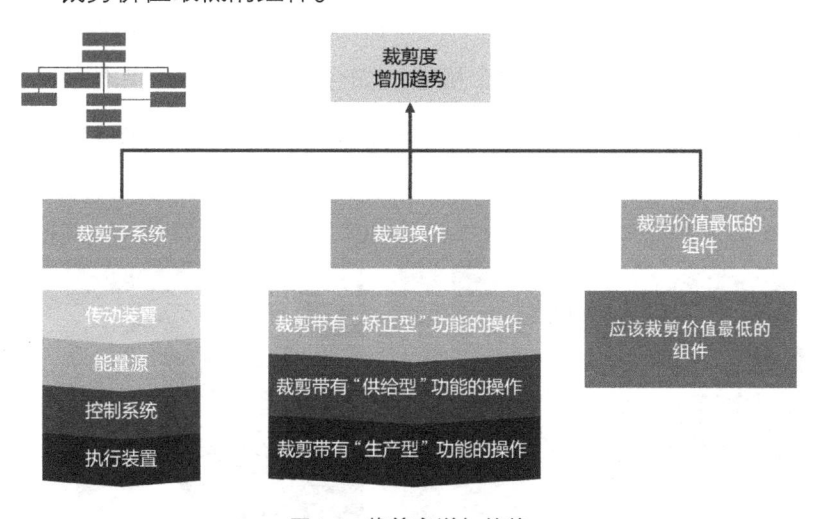

图4.6 裁剪度增加趋势

4.3.1 子趋势：裁剪子系统

裁剪子系统聚焦系统的功能模块。在上文的系统完备性增加趋势中，功能模块的获取顺序是：执行装置、传动装置、能量源、控制系统。功能模块的裁剪顺序与获取顺序并不完全相同，但非常相似：

1. 传动装置；

2. 能量源；

3. 控制系统；

4. 执行装置。

按照此顺序，首先裁剪传动装置；然后裁剪能量源，通常是将能量源集成到其他组件中；裁剪结束时，通常只剩下一个智能执行装置，它可以自己执行功能。

工厂的演变揭示了如下场景：在早期工厂中，整个厂区遍布长长的传动轴，机器通过传动带与传动轴相连，传动带将扭矩从能量源（通常是蒸汽机）传输给单个机器。如今，每台铣床或其他机床都有自己的发动机集成在机器上，以提升灵活性和可靠性（见图4.7）。

图4.7 工厂中的裁剪传动装置

焊接技术则是一个进行大幅裁剪的案例：在传统的电弧焊接系统中，自耗电极是执行装置，电缆是传动装置，发电机是能量源，人（以及一些电子设备）是控制系统（见图4.8）。相比之下，爆炸焊接使用炸药爆炸产生的能量焊接两种材料。在这种情况下，炸药是能量源，也是控制系统，因为炸药的量决定爆炸情况。在这个系统中没

第4章 技术系统进化趋势（TESE）

有传动装置。因此，炸药是智能执行装置，它本身包含所有其他功能模块。

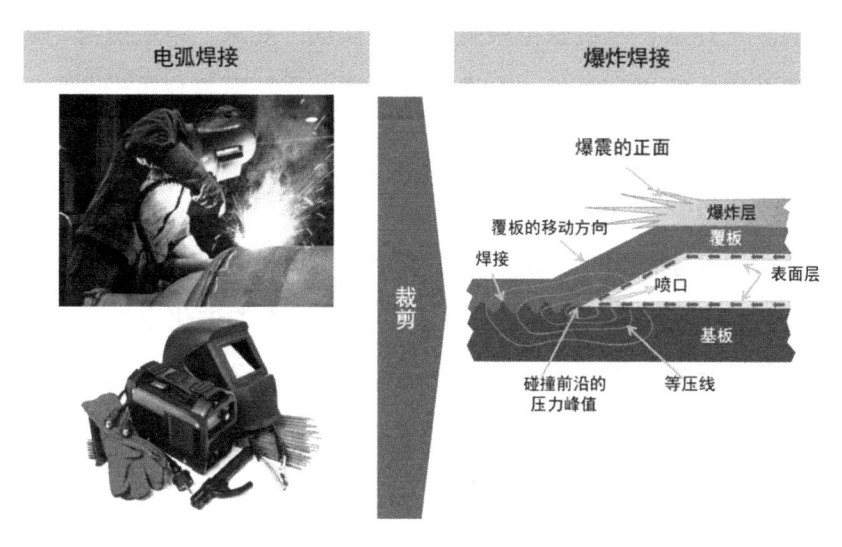

图4.8 大幅裁剪：电弧焊接技术

另一个非常相似的例子是从传统锡焊到放热焊接的过渡。所有功能模块均通过焊料实现。

仔细观察温室大棚，就会发现它们通常有一个用于调节温度的可开关窗户的系统。这一系统有独立的能量源，如马达，为打开窗户提供能量；控制系统由传感器和一些电子元件组成。这一系统被裁剪后的版本是使用部分由形状记忆金属制成的窗户。如果室内温度升高，部分窗户就会先恢复到原来的形状，然后变形，打开窗户；温度下降时，它会关上窗户。这部分由形状记忆金属制成的窗户集所有功能模块于一身：执行装置、能量源、传动装置和控制系统。与原系统相比，除执行装置外，其他组件都被裁掉了，执行装置承担所有功能板块的任务。

有人可能会问：如果我们知道以后会将所有功能模块裁掉，那么为什么最开始要将它们添加到系统中呢？答案很简单：技术就是这样进化的。一开始，系统获得所有的功能模块；后来，系统瘦身，以更少的子系统执行原有功能；在进化的后期，系统可能仅由一个能够自我控制、产生能量的执行装置构成。在获得功能模块的过程中，系统力求完整，并获取所有需要的功能；而在裁剪过程中，通过将功能分配给系统中剩余的部分，系统保留了所有需要的功能，但去除了子系统或组件。请注意，虽然可以在许多不同技术的进化中发现这些趋势，但并不是每一种技术中都存在这种趋势，并不是每个系统都必须遵循这个趋势。

4.3.2 子趋势：裁剪操作

裁剪操作主要涉及处理技术流程。设备和技术流程的主要区别在于，设备由物质或场构成，技术流程由操作组成。通常，技术流程用流程图或类似的符号呈现，它们将一个技术流程表达为一系列操作。裁剪操作与裁剪设备的组件非常相似，指将被裁剪操作的有用功能分配给另一个操作。以混凝土工程为例，在混凝土厂，为了将操作"搅拌混凝土"裁掉，"搅拌"这一有用功能被分配给最初仅用于运输的混凝土搅拌运输车来执行。

为执行裁剪操作，要进行功能分析。对技术流程的功能分析与对设备的功能分析不同。技术流程的功能分析不使用"基本、辅助和附加"的功能等级，而使用"矫正、供给和生产"的功能等级。

为确定功能等级，首先应该查看技术流程的最终结果。如果该结果是由某个功能引起的，那么这个功能被称为"生产型"功能。换句话说，如果一个功能导致出现不可逆的变化，则必须将其归类为"生产型"功能。如果在最终产品中看到了由某个功能带来的直接结果，比如在金属板上切一个开口，产生这个开口的功能（在本例中即功能"切"）就是"生产型"功能。

如果在最终产品中，无法判断在技术流程中金属板曾被运输过，那么"运输"金属板就不能被定义为"生产型"功能，而应被定义为"供给型"功能。想象一下，为使金属板更容易弯曲，必须加热金属板；金属板弯曲后再将其冷却，最终产品是一块室温下的板材。在此情况下，无法在最终产品中找到"加热"的直接结果，因此，"加热"是一个"供给型"功能。测量通常也被归类为"供给型"功能。

"矫正型"功能通常可以消除一些缺陷。例如，金属板在加热后被弯曲，可能由于过热而无法执行下一步"生产型"操作，所以必须先将金属板冷却。此时，"冷却"就是一种"矫正型"功能。另一个例子是给金属切削件去毛刺，"去毛刺"是一个"矫正型"功能，因为需要执行"去毛刺"功能来矫正"切割"的结果。

在裁剪操作这一子趋势中，裁剪应该按照如下顺序进行：

1. 裁剪带有"矫正型"功能的操作；

2. 裁剪带有"供给型"功能的操作；

3. 裁剪带有"生产型"功能的操作。

除了上述取自生产领域的例子外，对操作的裁剪也可应用于商业领域和其他类型的流程。任何一种流程模式都可以使用"针对流程的功能分析"来分析。功能等级也可以按上述方法来评定，相关操作也可以按照上述顺序来进行。

4.3.3 子趋势：裁剪价值最低的组件

裁剪价值最低的组件是不言自明的。例如，笔盖通常没有什么价值，根据这一子趋势，就应该把它裁掉，将其功能分配给笔身来执行（见图4.9）。

图4.9 裁剪价值最低的组件

4.4 向超系统过渡趋势

趋势和TRIZ工具是相互关联的，特别是在这一趋势的子趋势（或

第4章 技术系统进化趋势（TESE）

机制）中，可以发现熟悉的系统工程方法。这一趋势基本上是指一个技术系统将与其他系统集成——主要是与超系统或其组件集成。这样的集成对系统非常有益，主要有两个原因。

第一个原因，一个系统在耗尽了自身资源后，就可能与其他系统集成。系统与其他系统集成后，就可以使用其他系统的资源，这些资源可以使系统进一步发展。比如，银行财产显示经济资源情况，如果你结婚了，那么因为你的伴侣也有银行账户，所以你有望获得额外的资源。

第二个原因，系统的集成常常会使一些组件变得多余，如果将这些组件裁掉，那么系统的成本会降低。还是以婚姻为例：如果两个人婚前都拥有公寓，婚后搬到一起，就省出了一套公寓；同时，他们也不需要两套家庭用品，可以卖掉一部分。另一个例子是椅子的设计：两把椅子共八条腿，如果你将两把椅子集成一个有两个座位的新系统，那么它就不需要八条腿，六条腿或更少的腿就足够了，你可以裁剪一些腿来节约成本（见图4.10）。

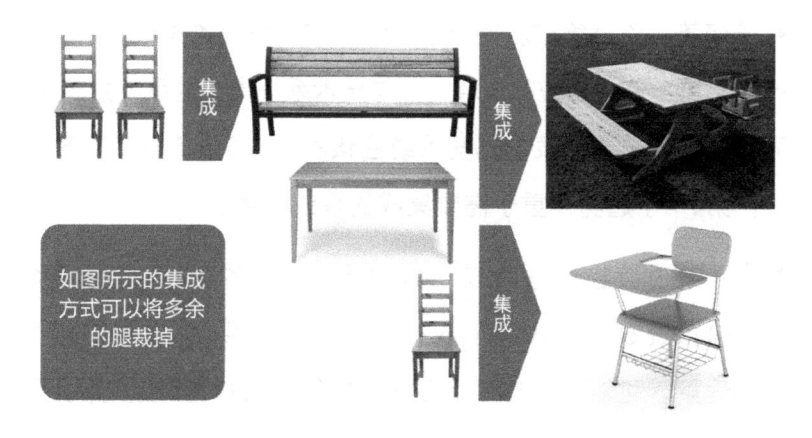

图4.10 通过与其他系统集成向超系统过渡

TRIZ技术创新指引：技术系统进化趋势（TESE）

系统集成的两个原因——获取更多的发展资源和降低成本，使这一趋势非常普遍。该趋势可以用于S-曲线的任一阶段。第1阶段的系统需要资源，因此，对此阶段的建议之一就是与具有丰富资源的系统集成。第3阶段的系统本身拥有丰富的资源，但需要新的工作原理和创意才能进一步改进。因此，处于第1阶段和第3阶段的系统可以从相互集成中受益。集成对处于第2阶段的系统也是有利的，因为它可以改进系统，降低成本。但集成对于第1阶段和第3阶段的系统的好处更大，因为集成消除了彼此的瓶颈。

为使这一趋势更具可操作性，需要确定应该与什么样的技术系统集成，集成的深度或程度如何，应该集成多少个系统，等等。以下子趋势/机制提供了一些建议（见图4.11）。

- 子趋势：参数差异性增加。待集成系统与技术系统的参数之间的差异越来越大。
- 子趋势：主要功能差异性增加。待集成系统与技术系统的主要功能之间的差异越来越大。
- 子趋势：深度集成。待集成系统与技术系统的集成水平加深。
- 子趋势：集成系统数量增加。与技术系统集成的系统数量增加。

第1和第2个子趋势表明哪些系统应该集成，第3个子趋势聚焦集成的深度，第4个子趋势侧重于需要集成的系统数量。

向超系统过渡趋势与TRIZ工具"标准解"的第3类"向超系统过渡"（Altshuller et al., 1989, pp.313-317）非常相似。如果想加深对这一趋势的理解，可以将其与"标准解"的第3类进行比较，并研究它们的相似之处。

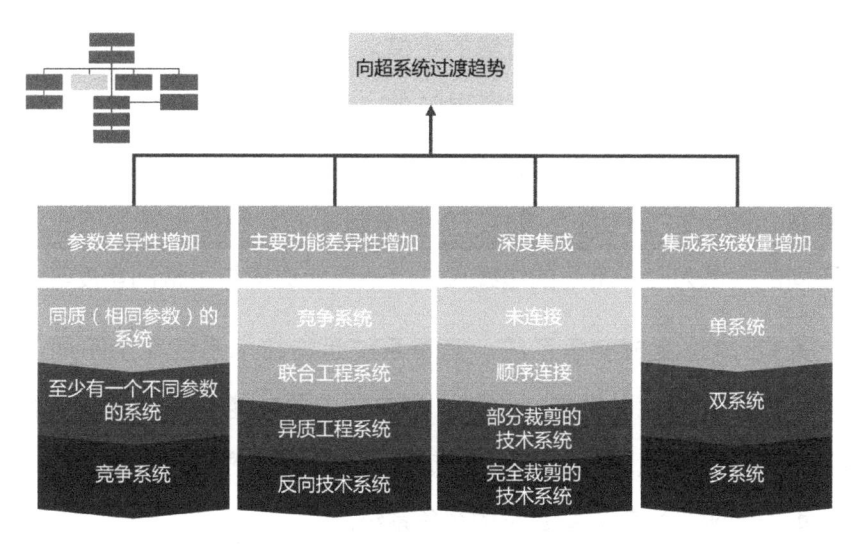

第4章 技术系统进化趋势（TESE）

图4.11 向超系统过渡趋势

4.4.1 子趋势：参数差异性增加

这一子趋势指出了待集成系统的类型和集成顺序：

1. 同质（相同参数）的系统；

2. 至少有一个不同参数的系统；

3. 竞争系统。

第1步表明要集成同质系统。假设你有一支铅笔，但后来你创造了一个用盒装两支铅笔的系统。这有什么好处吗？试想你要参加一场考试，随身携带两支削好的铅笔可能比只装一支要好。再如，想象你正在坐热气球，你可以在气球下面安装两个助燃器，相比只用一个，气球获得的动力显然更多。

第2步与第1步非常相似，但此时的集成系统中至少有一个参数与原技术系统不同。这一次，你的盒子里装的不再是同一类型的几支铅

TRIZ技术创新指引：技术系统进化趋势（TESE）

笔，而是许多不同颜色和粗细的铅笔。或者你买了一袋六连包的酸奶，但各包的口味不同，有苹果味的、猕猴桃味的等。在这个例子中，"口味"是唯一一个改变的参数。同样，尺寸也可以是一个改变的参数，如一大包具有不同尺寸的杯装酸奶。外科医生使用的也是参数不同的手术刀——不同的边缘尺寸、不同的边缘与手柄间角度等。

第3步建议集成竞争系统。竞争系统是与技术系统完全不同但执行相同的主要功能的系统。例如，汽车的主要功能是移动人，它有许多竞争系统，如火车、飞机、电梯和过山车。手术刀的主要功能是切割，剪刀和激光切割刀都是它的竞争系统。

在图4.12所示的枪的进化过程中，第1步是与第二个枪管集成；第2步是与一个改变了参数的枪管（如口径或枪管表面不同）集成；第3步则是形成一把集成了榴弹发射器的步枪，这是一个将两个功能相同但是完全不同的系统（即竞争系统）集成在一起的案例。

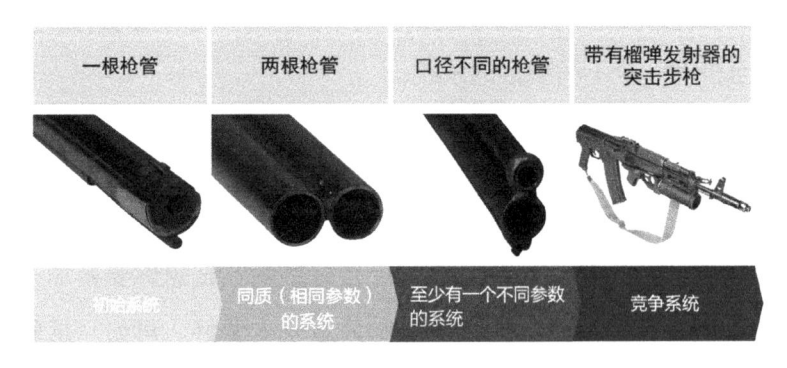

图4.12 步枪集成过程中参数差异性增加

如图4.13所示的帆船的进化过程也展示了同质系统的集成情况：第1步，添加更多基本相同的帆；第2步，添加参数改变的帆；第3步，作为竞争系统的蒸汽机被集成到系统中。这种集成对两个系统都有利，即使帆完全松弛，帆船也能航行。此外，新引进的、仍不太可靠的蒸汽机可以提供动力或进行紧急推进。

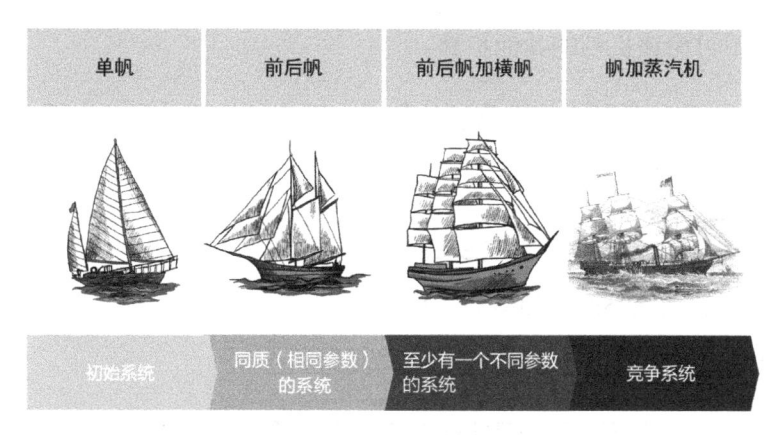

图4.13　帆船集成过程中参数差异性增加

4.4.2　子趋势：主要功能差异性增加

这一子趋势依然是在探讨技术系统应该与哪个系统集成。虽然在这里我们把它当作一个独立的子趋势，但也可以把它当作上一个子趋势的延续，因为它是从"参数差异性增加"的末尾开始的。它说明系统应该按以下顺序集成：

1. 主要功能相同的竞争系统；

2. 主要功能不同，但有共同特征的联合技术系统；

3. 主要功能不同，且无共同特征的异质工程系统；

4. 反向技术系统（主要功能相反的系统）。

上一小节末尾已讨论过第1步。无论是将其视为上一子趋势的最后一步，还是这个子趋势的第1步，现在都应该注意到有一个特定的TRIZ

TRIZ技术创新指引：技术系统进化趋势（TESE）

工具可以帮助集成竞争系统，它叫作特征转移。这个工具介绍了详细的分步流程，以集成竞争系统。

以下讨论该机制的其他步骤。

第2步是关于联合技术系统的集成。联合技术系统是指主要功能不同，但有一些共同特征的系统。它又可以分为三类：

- 主要功能不同，但功能对象相同；
- 主要功能不同，但参与了相同过程；
- 主要功能不同，但应用于相同场景。

对于主要功能不同，但功能对象相同的系统，具体内容如下。

在这种情况下，技术系统和待集成系统的主要功能是不同的，但是它们有相同的功能对象。例如，可以把加热器作为烘干机放进储物柜，来加热空气；而储物柜的板材可以容纳空气。所以这两个系统可以集成，使储物柜的板材既可以加热又可以容纳空气。请注意：这个子趋势在TRIZ工具"裁剪"的规则中也有所涉及。另一个例子来源于几年前的计算机芯片制造业：在制造过程中，先用一种特殊的装置将光刻胶黏附在硅片上，然后另一台机器用紫外线固化光刻胶。现在，这两个步骤被集成到一起，只需要一台机器即可完成。

对于主要功能不同，但参与了相同过程的系统，具体内容如下。

第二类联合技术系统是与待集成技术系统参与了相同过程的系统，如将洗发水和护发素集成在同一个瓶子里的产品。

对于主要功能不同，但应用于相同场景的系统，具体内容如下。

第4章 技术系统进化趋势（TESE）

这种联合技术系统的一个绝佳案例是多用途工具（见图4.14）。这种工具集成了许多其他系统，如剪刀、开瓶器、开罐器、锯、激光指针等。这些系统不参与相同过程，其中许多系统的功能对象也不同，但因为使用者在旅行时不可能携带每个单独的系统，所以全部的系统都被集成在一个单一的多用途工具中。人们通常不会在家里使用集成系统——与其使用多功能工具上的剪刀，不如使用普通剪刀。

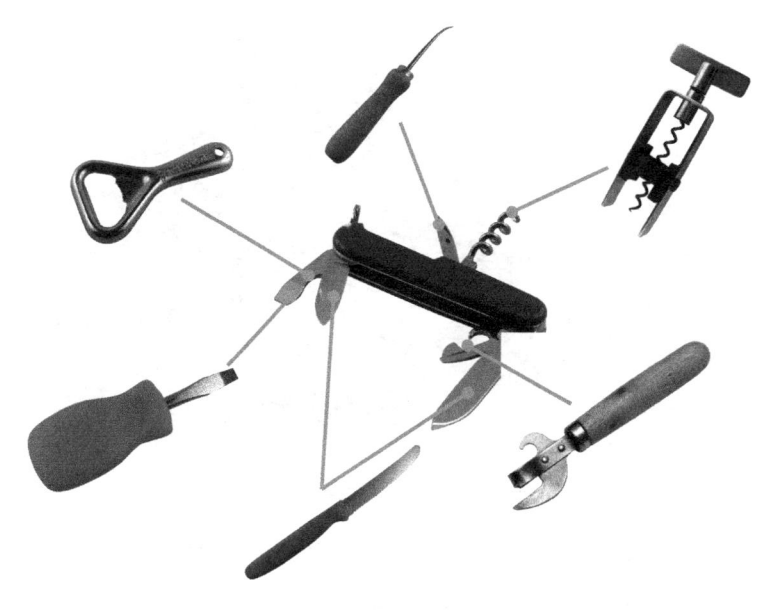

图4.14 一种多用途工具刀

第3步是集成主要功能和特征都不一样的系统，这种系统被称为异质工程系统。为什么要集成它们？如果拿婚姻打比方的话，这种集成就是出于利益交换的婚姻：系统之所以集成，是因为它们想使用彼此的资源。

我们看一个例子。亚洲各地都种植水稻，为了种水稻，大片的田地被水覆盖。因此，水是这个系统的一种资源。它也可以用来养鱼。

TRIZ技术创新指引：技术系统进化趋势（TESE）

那么为什么不把养鱼场和稻田结合起来呢？这两个系统没有任何共同点，但鱼塘可以分享初始系统（水稻）使用的资源。

另一个例子是公共汽车车身的外部广告。公共汽车的主要功能是运输车内乘客。但无论公共汽车走到哪里，车身的外部广告都能吸引车外的人。此功能与"运输"完全不同，且广告系统与公交系统不是联合工程系统（见图4.15）。

图4.15 公共汽车车身上的广告

最后一步将论述具有相反主要功能的系统的集成，即所谓的反向技术系统。我们周围有很多这样的系统。例如：灯可以照亮一个房间，而灯罩却使特定区域变暗；有些铅笔的一端有橡皮擦，铅笔释放石墨，而橡皮擦可以去除石墨（见图4.16）；与烤箱集成在一起的冰箱，既可以冷却食物以保鲜，也可以加热食物供食用。

这种集成最大的好处是：通过与一个主要功能相反的系统集成，系统变得更加可控，从而不再需要单独的控制系统。

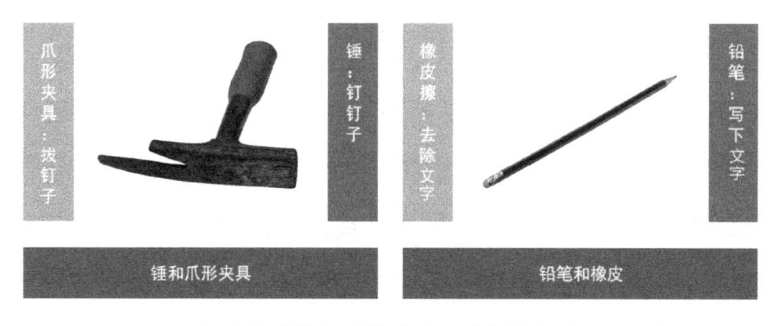

图4.16 与主要功能相反的系统（反向技术系统）集成

4.4.3 子趋势：深度集成

这一子趋势阐述了系统集成的深度，它指出集成系统的典型步骤。下面是集成系统时需要遵循的涉及集成程度的建议顺序：

1. 未连接的系统；

2. 顺序连接的系统；

3. 部分裁剪的技术系统；

4. 完全裁剪的技术系统。

未连接的系统是没有经过任何连接而集成的系统。例如，房间里可能有一些家具，如椅子、桌子等，这些元素属于一个整体，但实际上并不关联。当系统按顺序连接时，就存在一个"东西如何一起使用"或"以什么顺序使用"的逻辑关系。下一步是部分裁剪的技术系统，之所以进行部分裁剪，是因为在系统集成程度更深时，某些组件会变得冗余。还记得集成两把椅子的例子吗？两把椅子有八条腿，但是集成的系统不需要那么多的腿，其中一些可以被裁掉。系统集成程度越来越深，最终就会形成完全裁剪的技术系统。此时的集成如此之深，以至于无法判断集成系统中的哪一部分来自以前的哪个系统。

例如，在外科手术中需要用到许多不同的物品。手术包（见图4.17）就类似于一个联合技术系统。几个工具被放在一个袋子里，但是它们之间没有连接。手术针和手术线是分开的系统，但是它们之间有一个"如何使用"的逻辑：必须先把线穿过针眼，然后才能缝合伤口，这是一个前后相继的系统。当线被固定到针上时，系统被部分裁剪，集成程度加深，但仍然可以确定哪个部分是针，哪个部分是线。最后一步是将线的一端金属化，这样它就可以执行针的功能；此时，它是一根针还是一根线？它既是针又是线，或许两者都不是。

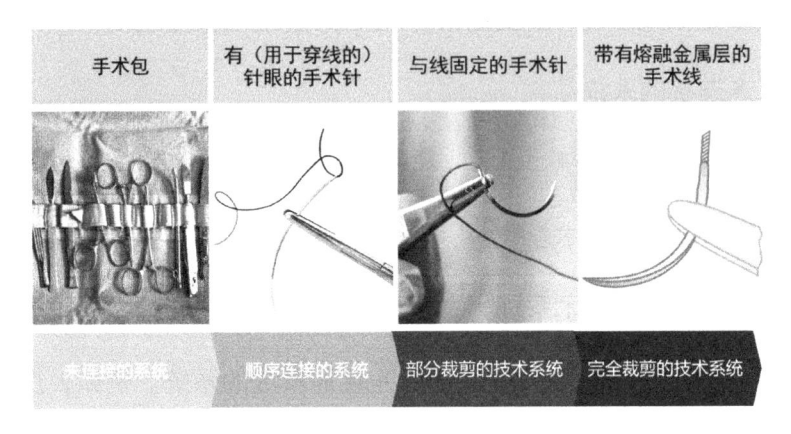

图4.17　手术器械的几种集成程度

指南针和手表的集成显示了集成的不同步骤，可以从中发现几个集成程度，涉及从一个未连接的系统到完全裁剪的技术系统（见图4.18）。

在家里烤面包的过程是深度集成的另一个例子。现在有全自动面包烘焙机，把所有的原料放进去，几个小时后就可以做出烤好的面包，无法分辨出搅拌机、烤盘和烤箱，系统被完全裁剪。图4.19展示了自动面包烘焙机的几个集成程度。

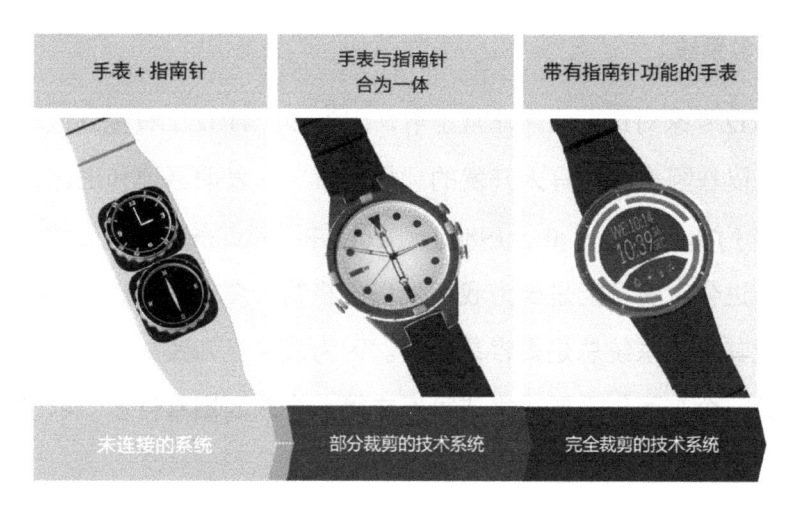

图4.18 指南针和手表的几个集成程度

图4.19 自动面包烘焙机的几个集成程度

4.4.4 子趋势：集成系统数量增加

这一子趋势讨论的是在系统的进化过程中，一次可以有多少个系统集成在一起。它指出系统通常按以下顺序进化：

1. 单系统；

2. 双系统；

3. 多系统。

TRIZ专家对这一顺序非常了解,因为多个TRIZ工具提到过这一顺序。可以在阿奇舒勒等人开发的"标准解"、发明原理和进化路线中见到它(Altshuller et al.,1989)。我们并不知道系统为什么会按照这个顺序进化,有可能是因为我们发现先将第一个东西集成到系统中,再集成其他的系统总是更容易一些。因为最初不知道如何下手,所以集成第一个东西似乎要比集成第五或第六个东西困难得多。以下例子展示了系统进化的这种顺序。

电视机在发展过程中,曾一度与另一个系统——录像机集成。此后,电视集成了越来越多的系统,如DVD播放器、不同类型的调谐器和接收器、付费电视解密设备、互联网终端、键盘和其他系统(见图4.20)。

图4.20 单系统电视机向多系统电视机的进化

另一个例子源于计算机周边设备:起初,打印机只用于打印文档;然后,集成了扫描仪的双系统打印机开始流行;下一步,出现了多系统打印机,它集成了传真机、USB集线器、蓝牙、无线局域网路由器和其他系统。

下述案例中的双体船可以被理解为一艘有两个船体的船，如今，许多船拥有更多的船体（见图4.21）。

图4.21 从单系统船到多系统船

4.5 系统协调性增加趋势

阿奇舒勒很早就发现了这个趋势，这个趋势表明：随着技术系统的进化，内部协调性越来越强，周围的超系统协调性也越来越强。这意味着随着系统进化，系统组件之间的问题将越来越少，系统与超系统的相互作用将越来越顺利。

阿奇舒勒在讲习班和发表的文章中大致讲过"如何增加协调性"以及"协调什么"。下面的子趋势详细地解释了为加速系统进化，应该如何协调以及协调什么。

除了下述子趋势之外，还有一些新的候选子趋势。这些都是从业者在会议上讨论过的，如果被证明有用，那么它们可能会成为本方法的一部分。趋势仍在发展当中，所以像这样的新想法总是层出不穷。例如，参数整体协调（见 4.5.5）可能会变成一个子趋势，与其他子趋势不同，它不关注协调某一类具体参数，而是整体讨论如何协调参数。此外，从业者已经确定了另一个可能的子趋势：图像协调。

系统协调性增加趋势可以被分为如下子趋势。

1. 子趋势：形状协调。

2. 子趋势：节奏协调。

3. 子趋势：材料协调。

4. 子趋势：动作协调。

5. 子趋势：参数整体协调。

上述子趋势不像其他趋势的子趋势那样告诉我们特定的顺序或序列，而是以包含多个条目的（不分先后顺序的）清单的形式提供建议。除动作协调外，我们还没有发现任何特定顺序（见图4.22）。

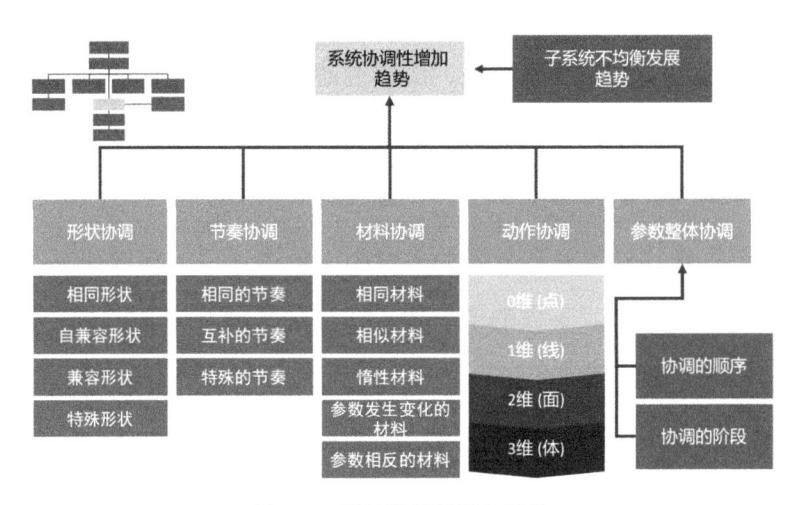

图4.22　系统协调性增加趋势

4.5.1　子趋势：形状协调

这个子趋势似乎很直观，谁会把一根方形棒插进一个圆孔里？日常生活中，你会在许多技术系统中发现协调的形状。钥匙和锁的形状是协调的，鞋子和脚的形状也是协调的。以下是几种形状协调的种类：

- 相同形状；
- 自兼容形状；
- 兼容形状；
- 特殊形状。

再次强调，我们尚未确定这个子趋势的先后顺序。因此，上述几种协调仅仅是一个清单。它们可能同时发生，也可能在不同时间以不同的顺序发生。

相同形状互相匹配：就像钥匙和锁的形状匹配，螺母和螺栓的几何形状也是匹配的。这是功能正常执行的先决条件（见图4.23）。

图4.23　螺母和螺栓：相同形状的协调

自兼容形状使物体彼此紧密地排列在一起。许多可堆叠的系统

（例如杯子、椅子和桌子）中存在自兼容形状。另一个例子是砖块的几何形状：通常砖的宽度和长度之间都有一种特定的关系，使砖块能以不同的排列方式铺设（见图4.24）。

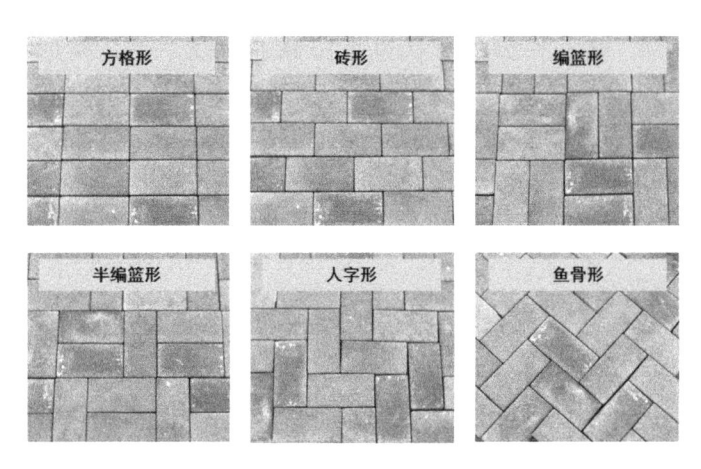

图4.24 不同的铺砖方式：自兼容形状的协调

兼容形状：技术系统表现出与超系统的某种参数兼容。采用人体工程学设计的物品，如人体工程学手柄、键盘和工作空间都有与人体参数相协调的形状（见图4.25）。

图4.25 人体工程学设计使系统形状与人体参数协调

特殊形状把不符合上述三种情况的形状集合在一起。例如，船的球形艏减少了船头的波浪。该形状协调了系统的两种机械参数：物理参数和流体参数（见图4.26）。

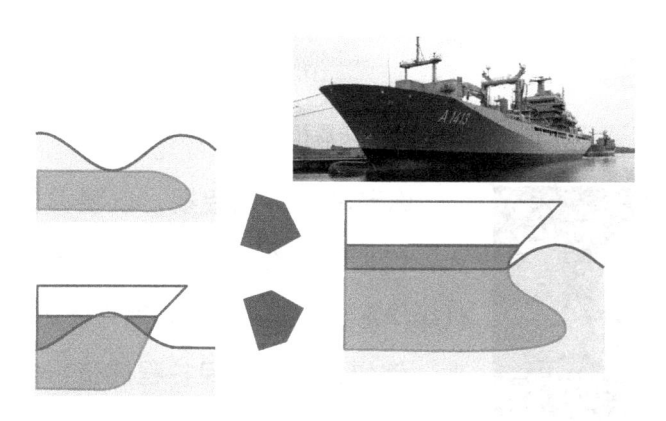

图4.26　球形艏的特殊形状影响水流

4.5.2　子趋势：节奏协调

你每天都在协调节奏：安排日程时，你要和商业伙伴协调会议节奏；你可能会在爱人在家时也待在家里；或者相反，你和你的同事可能会协调假期的节奏；等等。这个子趋势的细节与上一个子趋势非常相似。以下是不同的节奏协调类型：

- 相同的节奏；
- 互补的节奏；
- 特殊的节奏。

相同的节奏就是让两个或两个以上的节奏同步进行。例如，一家人可以把假期安排在同一时间，这样全家人就可以一起度假。有许多技术系统需要相同的节奏，例如，对讲设备的发送器和接收器的频率必须同步（见图4.27）。

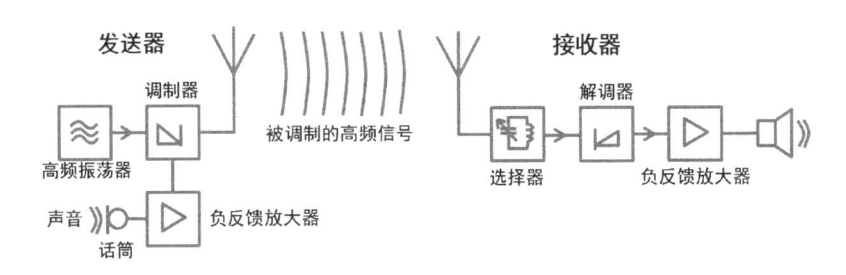

图4.27 对讲设备的发送器和接收器的频率的协调

图4.28 SETI协调数据处理与空闲时间

你和同事协调假期，以便办公室总是有人，你们就是在协调互补的节奏。一些计算机操作系统会把系统维护期与低活动期协调起来。例如，当屏幕保护程序运行时，操作系统开始进行维护和索引任务。像搜索外星智慧（SETI@home）这样的程序，会在用户休息时，利用个人电脑进行搜索，这就是在利用互补的节奏（见图4.28）。这个需要巨大算力的项目通过协调数据处理和个人电脑的空闲时间来使用许多计算机的力量。

最后一类，即特殊的节奏，把既不相同也不互补的节奏协调类型集合在一起。用于美容的设备，如振动按摩器，就是一个例子。它们的频率与人体的特征相协调（见图4.29）。

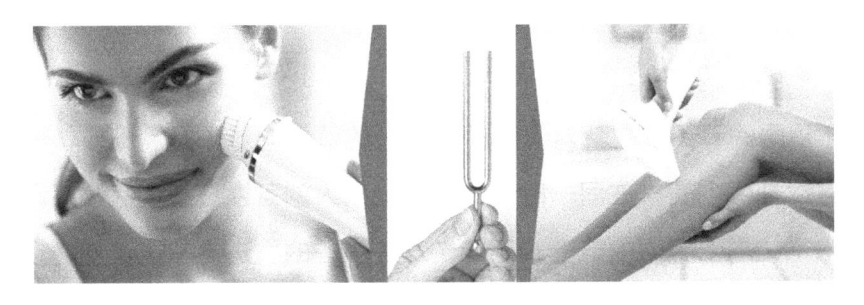

图4.29 协调了特殊节奏的美容设备

4.5.3 子趋势：材料协调

材料协调非常直观。人们通常不会穿着人字拖远足，因为知道路上会有坚硬、锋利的石头，所以就把鞋子的材料和地形协调起来。我们通过评估形势和确定目标来决定如何协调。例如，如果要开发一个掷向给定墙壁的球，则材料协调的方式取决于预期结果：如果你想让球朝你的方向反弹，你会选择一种与"球在撞击后落在地上"不同的材料；如果你想让球黏在墙上，这个球就得用完全不同的材料来制造。这一子趋势提供了不同材料协调的可能性检查清单，你可以用它来决定需要哪种协调：

- 相同材料；
- 相似材料；
- 惰性材料；
- 参数发生变化的材料；
- 参数相反的材料。

以更换心脏为例，我们可以选择不同类型的材料协调。例如，人工机械心脏属于惰性材料；捐献的心脏可以被认为是相似材料；克隆心脏是相同材料（见图4.30）。

输血与更换心脏大体相似：生理盐水是惰性材料；捐献的血液是相似材料；自体输血是（或多或少是）相同材料。

对于协调参数发生变化的材料，参数之间的差异决定了协调效果。例如，热电偶由两种不同的导热金属制成，其功能来自由两种不同导电材料引起的热电效应（见图4.31）。

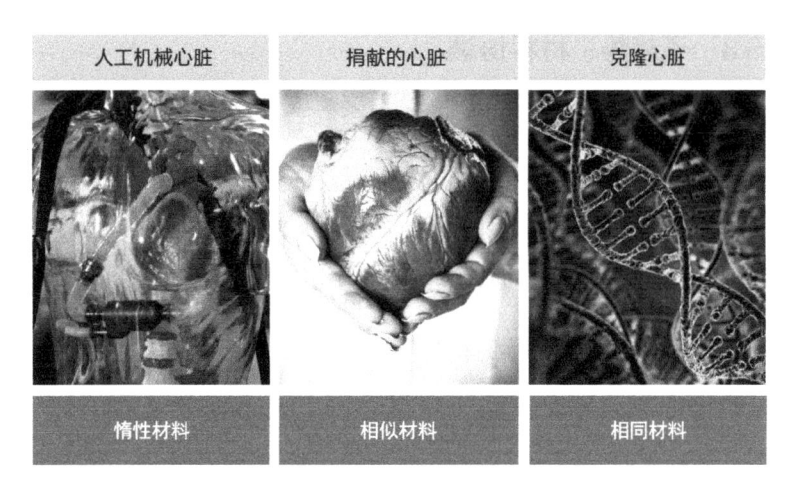

人工机械心脏	捐献的心脏	克隆心脏
惰性材料	相似材料	相同材料

图4.30 更换心脏——不同的材料协调

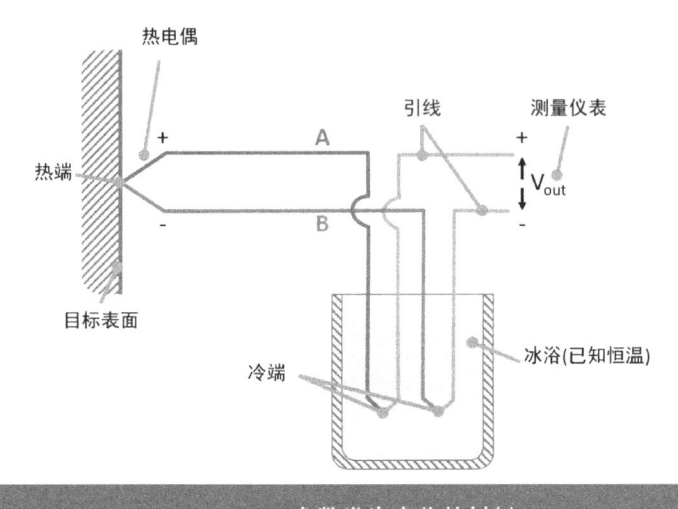

图4.31 热电偶：协调参数发生变化的材料

有时需要协调参数相反的材料。例如，导体和介电质被组合到一根电缆中。在晶体管中，半导体材料和绝缘材料以特定的方式结合在一起（见图4.32）。

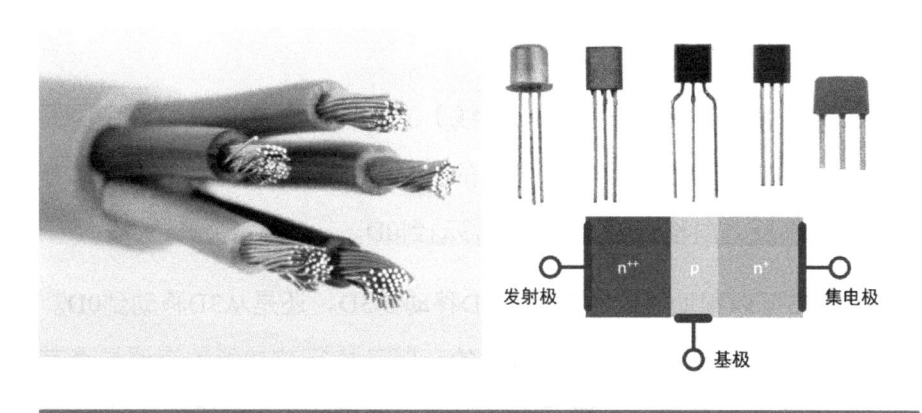

参数相反的材料

图4.32 绝缘电缆和晶体管:协调参数相反的材料

4.5.4 子趋势:动作协调

我们可以通过回顾一些TRIZ的基本原理来更好地理解这个子趋势。如果你是在阿奇舒勒时代学习的TRIZ,那么你就应当学习过可以通过增加工具和产品之间的相互作用来提高工具的效率。如果你的产品只在一个"点"上与工具相互作用,那么你应该尝试使相互作用发生在一条或多条"线"上;然后进一步增加相互作用,使工具在"面"上与产品相互作用;再然后,形成更强的相互作用,使工具在三维"体"上与产品相互作用。仔细思考下面这个例子:最初的"洗衣机"仅仅是一块在河里拍打衣服的石头;这种"洗衣机"不是很有效,因为石头和衣物之间的相互作用是点对点的;随着"洗衣机"的发展,人们不再使用石头,而是使用棍子来拍打衣物,从而提高了效率,此时,洗涤工具与衣物之间的接触是沿着一条线发生的(许多点彼此相邻)。人们开始使用搓衣板后,工具和衣物在两个维度上相互作用。如今,我们有了现代化的洗衣机,它移动衣物,并在三个维度

TRIZ技术创新指引：技术系统进化趋势（TESE）

上与衣物相互作用。

因此，可以在0D（点）、1D（线）、2D（面）或3D（体）中协调动作。有时进化是按这个顺序发生的。但工程研究表明，进化的顺序有时是沿相反方向移动的，即从3D移动到0D。

图4.33可以帮助确定趋势是从0D移动到3D，还是从3D移动到0D。这取决于该功能是有用的还是有害的，以及执行该功能的资源是否有限。如果功能是有用的，资源不受限制，则移动的方向通常是从0D移动到3D，执行装置与其对象之间的相互作用会增强。如果功能是有用的，而资源不足，那么最好不要让有限的资源太过分散，应该从3D移动到0D，以尽可能集中宝贵的资源。如果功能是有害的，而且危害是无限的，那么将其局限在局部是非常有意义的。换句话说，应该把资源集中在一点上，这样做可以将危害隔离，从而控制它的影响。另外，如果功能是有害的，资源不足，这意味着危害将很快消失，不会造成很大的损害。你可以将危害分散，从而稀释它。图4.33可以帮助确定趋势发展的方向，以进行合理的决策。

		资源可利用情况	
		过度的	不足的
预期效果	有用功能	沿着0D→3D方向	沿着3D→0D方向
	有害功能	沿着3D→0D方向	沿着0D→3D方向

图4.33 检查子趋势方向的矩阵

捕鱼装置的进化说明：在功能有用且资源充足的情况下（当海洋中有许多鱼时），趋势从0D移动到3D（见图4.34）。

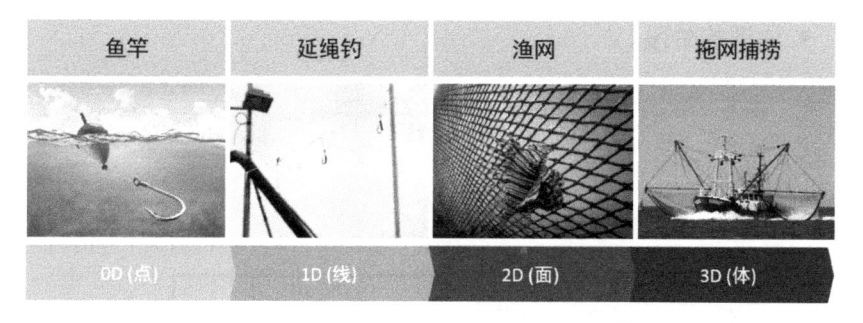

第4章 技术系统进化趋势（TESE）

图4.34 从点到体的相互作用

图4.35中的工具显示，子趋势向相反方向移动。在这种情况下，功能是有用的，但资源（使用者产生的力）是有限的。

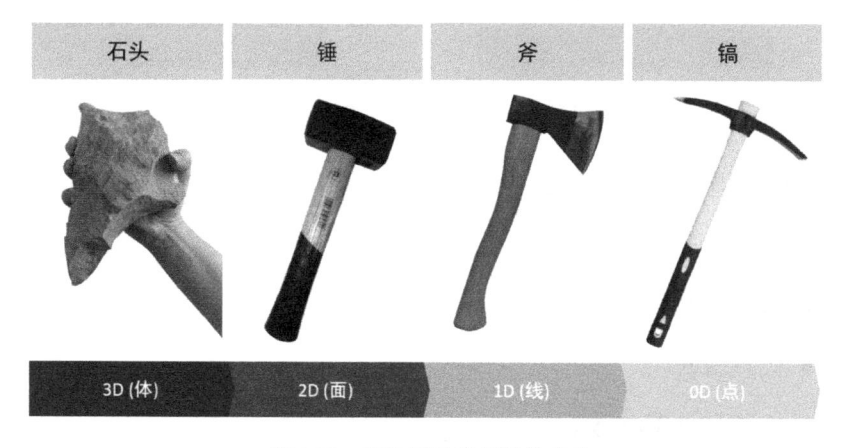

图4.35 工具显示出相反的趋势

4.5.5 子趋势：参数整体协调

如前所述，这一子趋势的重点不是系统与周围环境之间具体的参数协调，而是参数的整体协调。下面的清单可以帮助我们在考虑参数整体协调时进行头脑风暴。该子趋势有两个子机制（见图4.36）：

- 协调的顺序；

- 协调的阶段。

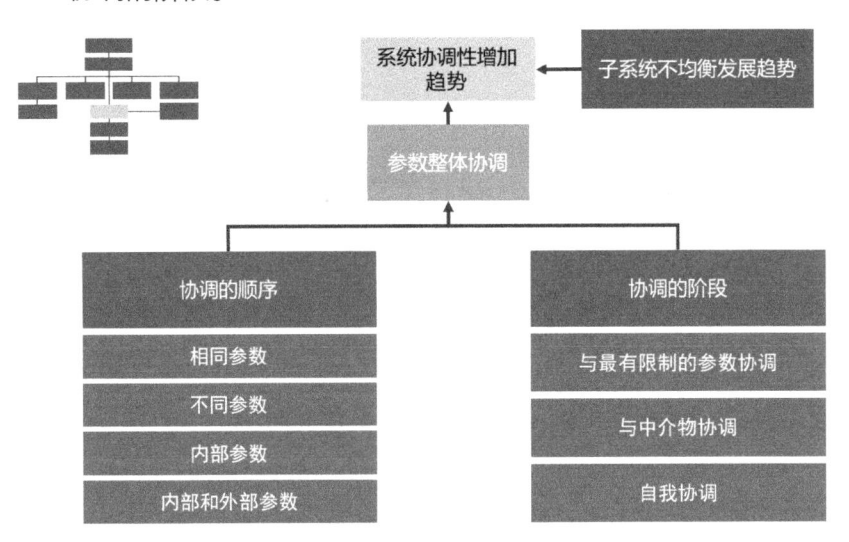

图4.36 子趋势：参数整体协调

参数协调的顺序通常是：

- 相同参数；
- 不同参数；
- 内部参数；
- 内部和外部参数。

如果通过测量当前温度并将其与预期温度进行比较来控制房间温度，就是在协调相同的参数：温度和温度。当通过改变房间中的人数来改变温度时，协调的是不同的参数：人数和温度。内部参数在系统内部。例如，暖气片具有内部参数，如尺寸和水温，如果水温升高，则暖气片可以小一些；如果水温降低，则暖气片可以大一些。这就是内部参数的协调。内部和外部参数都可以协调。但以上这些只是头脑风暴的提示，没有先后顺序，这些机制相互之间也不是孤立的。

下面这个18世纪的例子说明了相同参数的协调。最初，圆形炮管的大炮是小范围分布弹药的，这与预期的弹药分布范围不符。随着这一系统的进化，炮管的形状发生变化，使弹药的分布与军事打击目标相协调（见图4.37），这大大提高了火炮的效率。

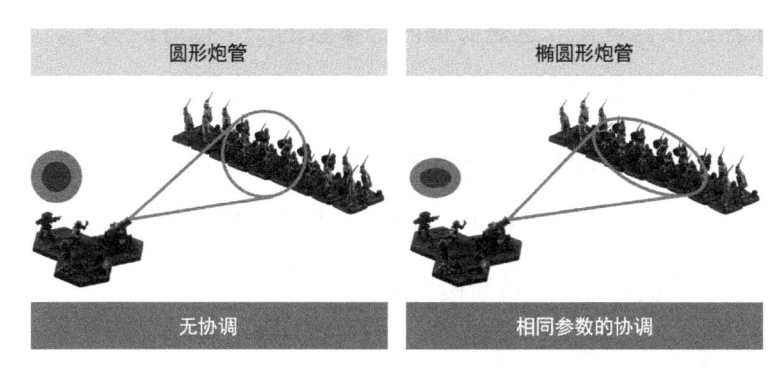

图4.37　相同参数的协调：炮管形状与人群形状

在卫生巾和纸尿裤的进化过程中，不同参数发生了协调。在这个例子中，流动方向与吸收能力这两个参数相协调，使液体移动到系统的存储区域，从而使使用者的皮肤保持干燥（见图4.38）。

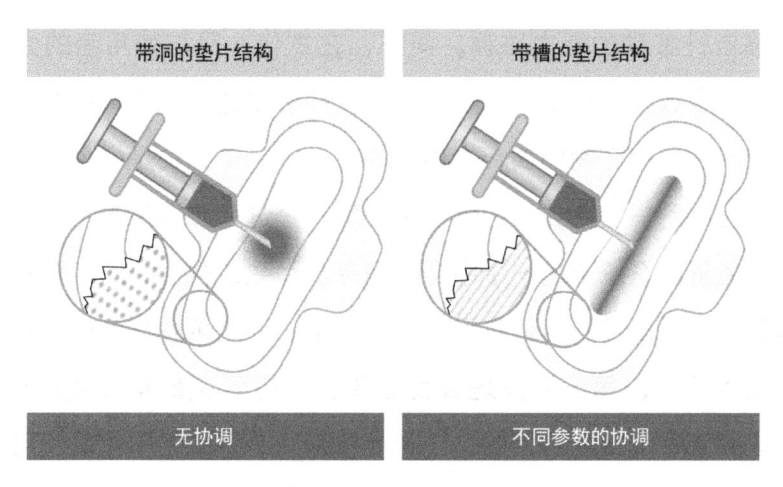

图4.38　不同参数的协调：流动方向与吸收能力

内部参数也可以协调。为了使技术系统的各个部分获得最佳的使用寿命，可以协调保养服务，使其以公倍数的形式出现。例如，如果你的车一年后必须更换机油，两年后必须更换制动器，五年后必须更换正时皮带，那么每年保养一次可以使每个零件的使用寿命最大化，并使保养过程常规化。这是协调内部参数的一个很好的例子。与磨损有关的参数决定了零部件的使用寿命，这些参数相互协调。

内部和外部参数的协调有很多例子。实际上，上面的几个例子都展示了这一机制，例如图4.25中的人体工程学设计。

第二个子机制与协调的阶段有关，它们是：

- 与最有限的参数协调；
- 与中介物协调；
- 自我协调。

第一阶段是与最有限的参数协调。系统的所有参数都必须与这个最有限的参数协调。例如，传统盔甲的重量必须与单名骑士穿着盔甲并能够自行移动的能力协调。同样，在古代，弓与使用者的力量协调。所有参数，如弓弦的长度和强度，都必须适应人类弯弓的能力。第二阶段是与中介物协调。在盔甲的例子中，中介物是一个起重机，它把骑士吊到马上。在弓的例子中，下一个进化步骤涉及十字弩。弓箭手的能量由系统中的一个中介物储存。弓弦的强度和十字弩的张力等参数并不像以前那样依赖弓箭手的力量，而是依赖作为中介物的储存能量的机制。第三阶段是自我协调。我们可以参考现代步枪的火力。这种武器是自我协调的，因为步枪和弹药系统并不依赖使用者的肌肉力量（见图4.39）。

第4章 技术系统进化趋势（TESE）

在许多情况下可以发现这种协调顺序。但请记住，目前，它只是用于头脑风暴的一个创意，并不被认为是一种有效的趋势。

图4.39 与最有限的参数协调、与中介物协调、自我协调

4.6 可控性增加趋势

可控性增加趋势是指随着技术系统进化，控制它的方法也会更多。它是系统协调性增加趋势的子趋势，因为只有参数可控，才能协调它们。请记住：非常稳定的系统并不难控制；如果系统非常稳定，就不用花太多时间考虑可控性；如果系统是动态的，但又相对稳定（就好比骑自行车），就需要进行更多的控制——主要是在系统不稳定时进行更多控制，如低速转弯时。不稳定系统需要很高的可控性。在考虑如何提高技术系统的可控性时，应牢记稳定性和可控性之间的这种关系。

这个趋势有两个子趋势（见图4.40）。

1. 子趋势：系统内控制水平提高。

2. 子趋势：可控状态的数量增加。

下面将讨论这两个子趋势，它们将指导人们促使系统沿该趋势进化。

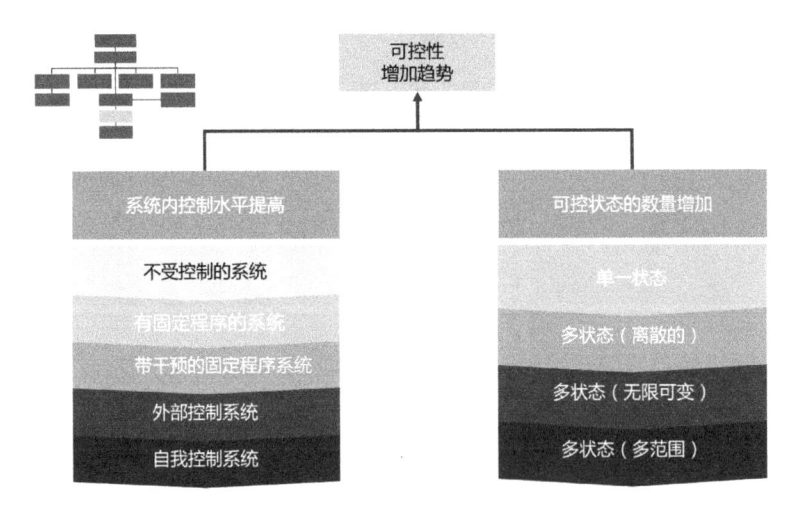

图4.40　可控性增加趋势

4.6.1　子趋势：系统内控制水平提高

这一子趋势沿直线移动，通常系统在进化过程中遵循下面的路线：

- 不受控制的系统；
- 有固定程序的系统；
- 带干预的固定程序系统；
- 外部控制系统；
- 自我控制系统。
  - 宏观级别控制系统。
  - 微观级别控制系统。

第4章 技术系统进化趋势（TESE）

起初，系统是不受控制的，这并不是说系统失控，而是系统缺乏自己的控制模块。一旦获得控制模块，它就能够控制自己。系统的进化开始于获得固定程序，例如，如果办公室里的灯是由工作人员打开和关闭的，那么照明系统没有控制模块；但是如果安装一个带有预置程序的计时器，它就可以在上午7点开灯，下午6点关灯，这就是一个有固定程序的系统。如果一个固定程序中有几种调整该程序的可能性，那么这个系统就是一个带干预的固定程序系统。例如程序可能有这样的功能：可以切换到周末模式或选择夏季/冬季模式。接下来是系统的外部控制，比如说可能有人负责根据办公室里是否有人来开关灯。最终，系统可能会走向进行完全的自我控制，以办公室里的灯为例，系统会检测是否有人在，然后开灯或关灯。

另一个例子是十字路口的交通控制：无红绿灯的十字路口可视为不受控制的系统；红绿灯可以被视为有固定程序的系统或带干预的固定程序的系统（例如，早晨运行一个程序，晚上切换到另一个程序）；有警察指挥的十字路口属于外部控制系统；由探测器控制的红绿灯属于自我控制系统（见图4.41）。

外星探测器的发展反映了从有固定程序的系统到自我控制系统的转变（见图4.42）。

自我控制系统还可以分为宏观级别控制系统和微观级别控制系统。

TRIZ技术创新指引：技术系统进化趋势（TESE）

图4.41　交通控制的可控性增加

图4.42　外星探测器的可控性增加

宏观级别控制系统有一个由不同组件构成的控制模块。例如，自动空调中有一个带有温度传感器的控制系统，该传感器可以提供室温信息。系统可以评估信息，然后冷却或加热。在微观级别控制系统中，控制功能被内化在系统中，系统没有单独的控制模块组件。例如，如果温室大棚中有部分由记忆金属制成的窗户（前面讨论过的例子），那么当温度过高时窗户打开，当温度下降时窗户关闭。窗户本身就是一个控制系统，由于这个控制系统没有独立的组件，因此它的自我控制是微观级别的。请注意，有些微观级别控制系统并不使用智能材料，而是使用普通材料提供智能解决方案。例如，在工程设计领域，有一些可以实现自持、自锁和自动关闭的装置（如溢流阀）的设计，它们是在微观级别上受控的，因为控制模块不需要独立的组件和设备。

还记得上面的交通控制案例吗？用探测器检测汽车的自我控制系统是宏观级别的。我们现在没有描述这个子趋势的路线，但即使有，也会发现路线中的不同步骤混合在了一起。所以，如果我们讨论"环岛是不受控制的还是自我控制的"，那么既可以说两者都是，也可以基于对系统的定义来决定它到底是什么类型的控制系统。无论如何，确定现有系统处于路线的哪个阶段是没有意义的。应该关注的是如何利用这些路线向前推进，找到系统的下一个进化阶段。

4.6.2　子趋势：可控状态的数量增加

这一子趋势是指随着技术系统进化，可能的控制状态的数量通常会增加。其顺序是：

- 单一状态；
- 多状态（离散的）；
- 多状态（无限可变）；
- 多状态（多范围）。

最初，系统只有单一状态；然后进化并获得一些可控状态；接下来，之前离散的（不可变）状态成为变量；最后，系统进化出多个可控范围（见图4.43）。

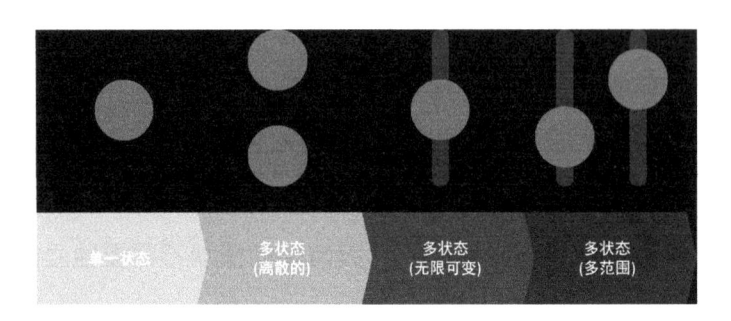

图4.43　子趋势"可控状态的数量增加"的各阶段

例如，最早的中国的伞只有一种状态，即常开。后来普通的伞有两个离散状态：打开和关闭。一些太阳伞有多个状态（多个离散的状态），还有一些太阳伞可以通过曲轴从零到满打开或关闭（多个无限可变的状态）。更复杂的太阳伞可以在两个不同的轴上打开、关闭或倾斜。在这种情况下，就有了多个范围的多个状态（见图4.44）。

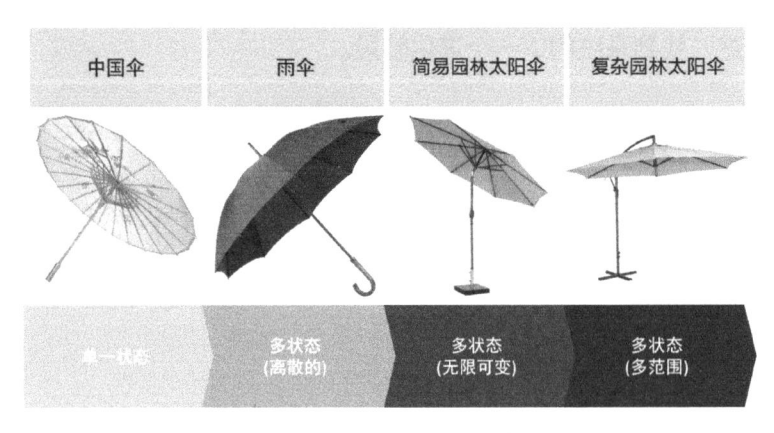

图4.44　雨伞和太阳伞可控状态的数量增加

另一个例子是音响系统的音质控制。第一台留声机的音量控制是单一的：机器运行时，音量处于打开状态；机器不运行时，音量处于关闭状态。后来的音响系统有几个离散状态的音量级别。之后的音响系统可以连续调节音量，这意味着这些系统有多个状态，并且是无限可变的。现在的音响系统使用者可以调节高音和低音，并可以在多个范围、多种状态控制声音（见图4.45）。

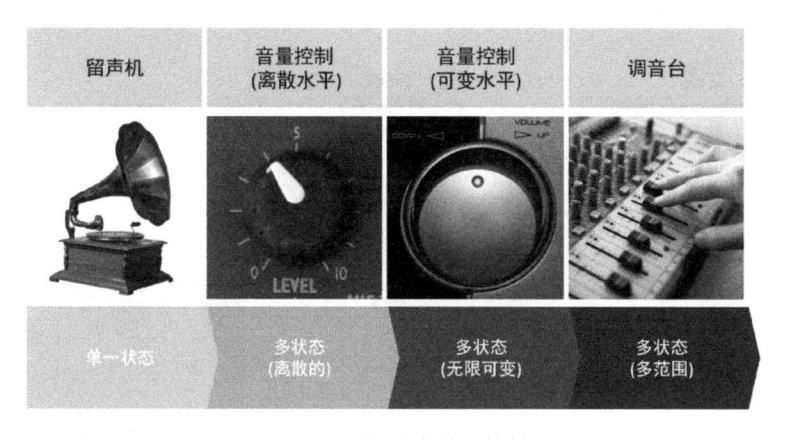

图4.45 增加声音的可控性

4.7 动态化增强趋势

动态化增强趋势是可控性增加趋势的子趋势。如果系统的可控性增加，就应该有可以改变的参数；如果没有可以改变的参数，就不能控制。因此，动态化增强趋势表明：随着技术系统的进化，系统及其组件变得更加动态化。在这里，"动态"指的是参数值可以随着时间推移发生变化。

此趋势包含三个子趋势。

1. 子趋势：设计的动态化。

2. 子趋势：组合方式的动态化。

3. 子趋势：功能的动态化。

这些子趋势的名称并不是非常直观的，甚至会产生误导。下文将对其进行详细阐述（见图4.46）。

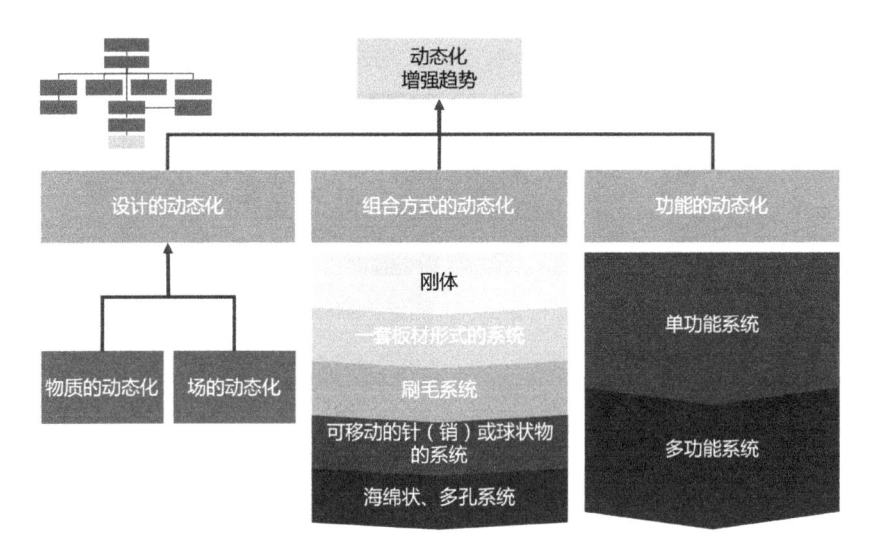

图4.46 动态化增强趋势

4.7.1 子趋势：设计的动态化

这个子趋势又有两个子趋势。

a. 物质的动态化。

b. 场的动态化。

如TRIZ工具"功能分析"中所述，系统组件可以是物质或场。以下路线明确描述了这两种组件的一般进化模式（见图4.47）。

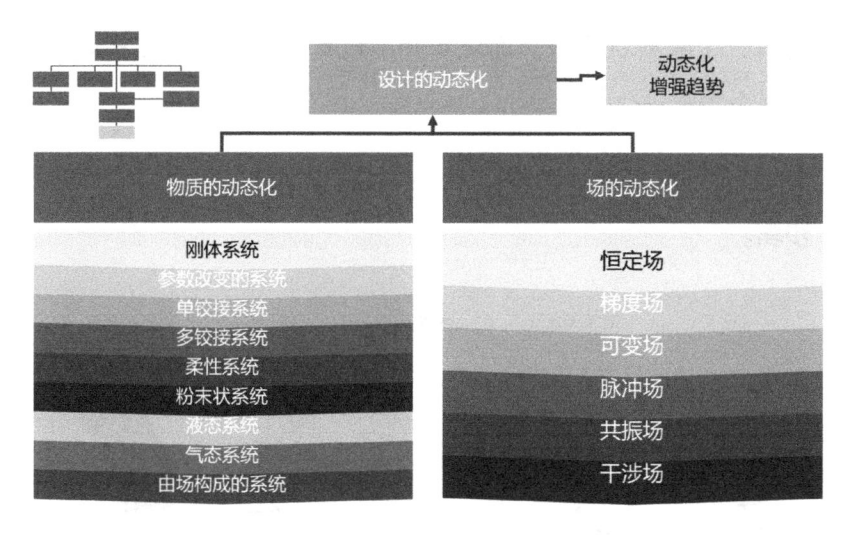

第4章 技术系统进化趋势（TESE）

图4.47 子趋势：设计的动态化

物质的动态化路线包括以下类型的系统：

- 刚体系统；
- 参数改变的系统；
- 单铰接系统；
- 多铰接系统；
- 柔性系统；
- 粉末状系统；
- 液态系统；
- 气态系统；
- 由场构成的系统。

这些步骤中的大部分内容是不言自明的。其中，"参数改变的系统"是一个没有铰接或可变参数的系统，但该系统中至少有一个参数具有不同的值。例如，一块砖的两端的长度可能不同。请注意：这些步骤之间可能还有一些小步骤，例如，在粉末状系统和液态系统之间可能还有一个浆料状系统。而且，并不是每个系统都会沿着这个子趋势中的每个步骤进化。

图4.48显示了测量距离的不同工具，可以从中轻松发现该路线中的几个步骤。

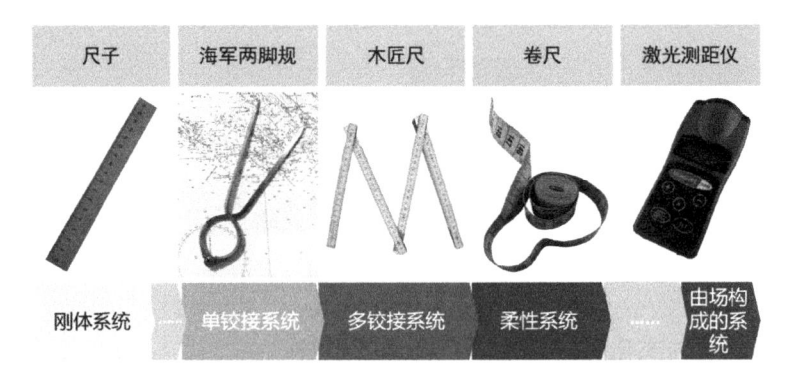

图4.48　距离测量工具

寝具也展示了物质实现动态化的几个步骤（见图4.49）。

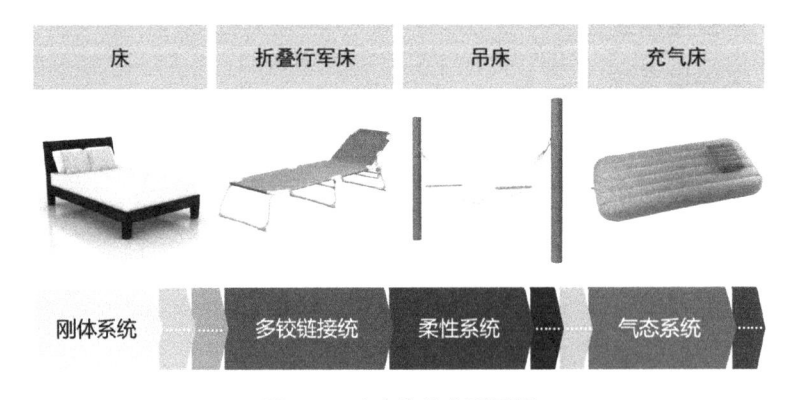

图4.49　动态化使床更灵活

这个子趋势的最后一个例子是毛发梳理工具的动态化（见图4.50）。这个例子只包含路线的前几个步骤。我们可以思考下一步可能是什么，以及将来可能加入哪些步骤。

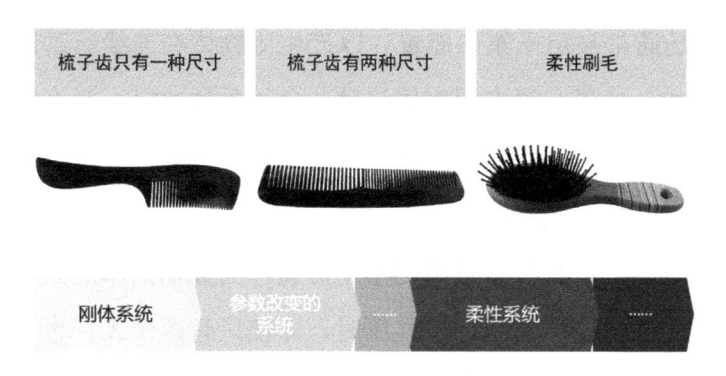

第4章 技术系统进化趋势（TESE）

图4.50 毛发梳理工具的动态化

设计动态化的第二部分是场的动态化，它有一个明确定义的进化路线：

- 恒定场；
- 梯度场；
- 可变场；
- 脉冲场；
- 共振场；
- 干涉场（包括驻波和行波）。

如果熟悉物理学，那么这些步骤中的大多数很容易理解。要注意梯度场和可变场之间的区别：在梯度场中，参数值随空间变化；在可变场中，参数值随时间变化（见图4.51）。

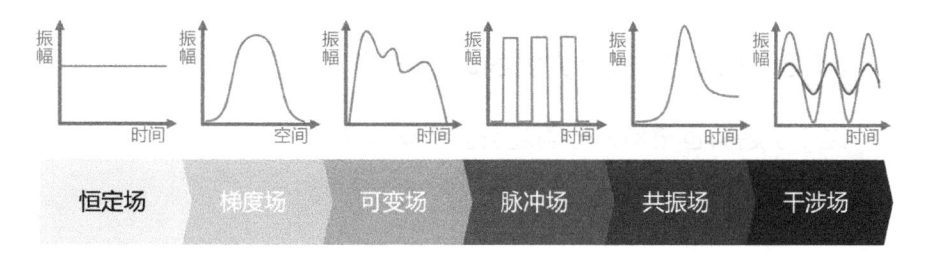

图4.51 场的动态化的步骤

脉冲场通常被用于集中能量，以产生比物体在连续运动时更强的效果。例如，如果必须在厨房里移动一台很重的冰箱，那么可能会用脉冲的方式把冰箱一点点地推过去。再如，怎样徒手使一辆停着的车转向？你和你的朋友会抬着汽车的挡泥板以脉冲的方式将车一点点抬起来。你们的抬举动作与汽车的摆动协调，当你们抬车的频率与汽车悬挂系统的自然频率之间产生共振时，即使只有两个人，也可以轻松地使停着的车转向。这条路线中的步骤可能会使你想起TRIZ工具"标准解"，尤其是第2类"标准解"。

图4.52所示的不同的室内照明方法展示了场的动态化的不同阶段。

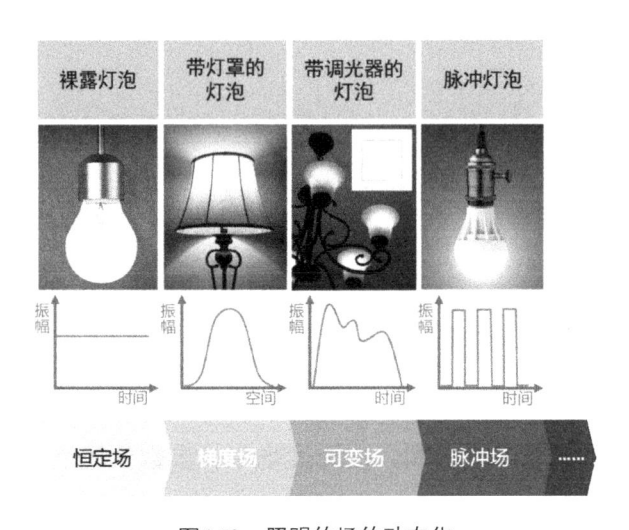

图4.52　照明的场的动态化

4.7.2　子趋势：组合方式的动态化

这个子趋势也被称为分割趋势。步骤顺序为：

1. 刚体；

2. 一套板材形式的系统；

3. 刷毛系统；

4. 可移动的针（销）或球状物的系统；

5. 海绵状、多孔系统。

图4.53和图4.54的例子展示了从该趋势的一个阶段到下一个阶段的过渡。

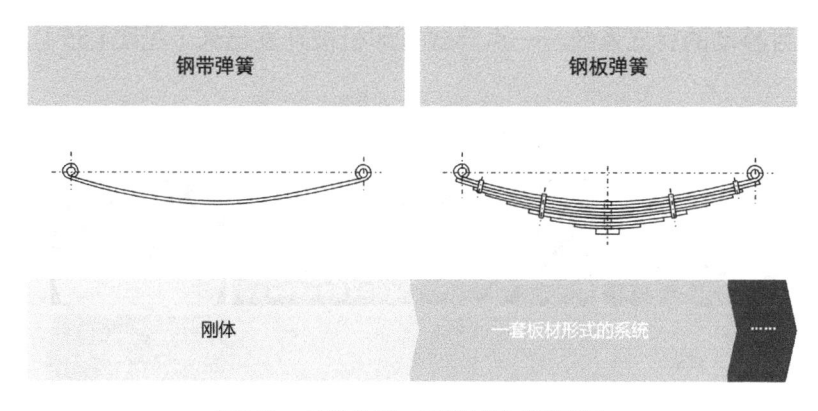

图4.53 从刚体到一套板材形式的系统

图4.54 餐具的洗涤工具从刚体到海绵状、多孔系统

请注意图4.54中的示例以海绵状、多孔系统结束。阿奇舒勒探索的另一个机制被称为"孔隙度增加趋势"。该趋势的步骤是：系统从刚体到有一个孔，再到有多孔，然后再到有分子水平上的微孔。在我们的趋势层次结构中可能找不到这个机制，因为它可能不属于这个体系。它也许可以成为本章讨论的子趋势的一个子机制，也许不可以。

印刷技术也显示了这个子趋势的一些步骤，这种技术始于印版；活字印刷出现后，这种技术得到了极大的改进；进入计算机时代后，一种可移动的针式系统——点阵式打印机被开发出来（见图4.55）。

图4.55　印刷技术的动态化

4.7.3　子趋势：功能的动态化

这一子趋势也与一些TRIZ资源有关，如发明原理中的"多功能"原理、"标准解"中的第3类以及向超系统过渡趋势。它指出系统从单功能系统进化到多功能系统。日常生活中的例子如图4.56所示。

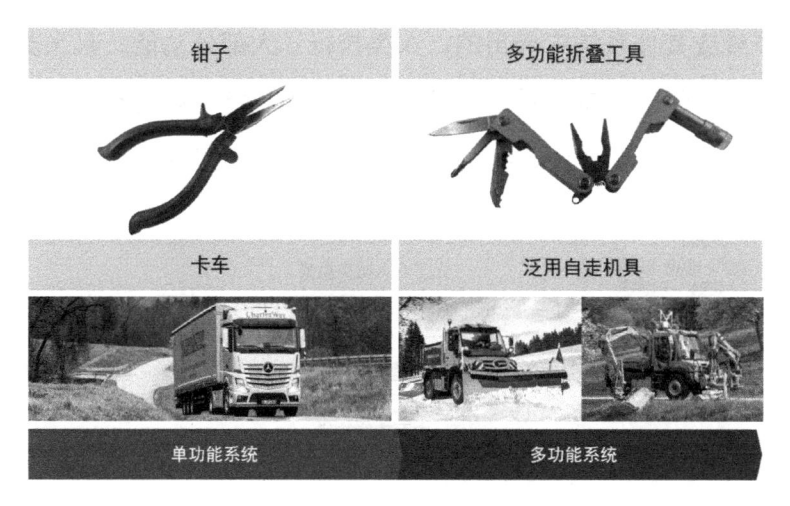

图4.56　功能的动态化案例

4.8　人工介入减少趋势

人工介入减少趋势是系统完备性增加趋势的子趋势。这个趋势基本上是说，随着技术系统进化，技术系统中由人执行的功能的数量减少。

一开始，人类执行系统的所有功能；然后，人类按以下顺序逐渐将这些功能交给系统：

1. 传动功能；

2. 能量源功能；

3. 控制系统功能；

4. 决策功能。

人工介入减少趋势可以被看作系统完备性增加趋势的反面；根据这一趋势，系统开始时仅有一个执行装置，其他的所有功能模块都是从超系统或其他系统中借用的,人类执行了大部分功能,且人类是非常易得的组件。通常,系统接管越来越多的功能,如传动功能、能量源功能等后,就不再需要人类执行这些功能了(见图4.57)。

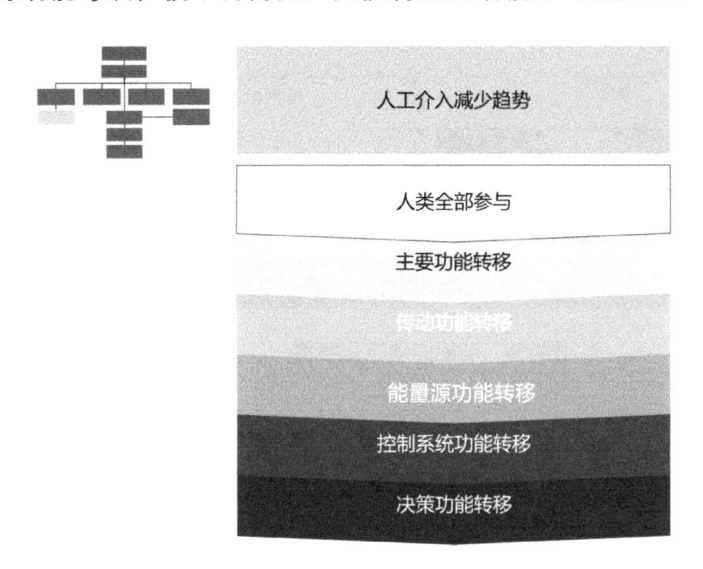

图4.57　人工介入减少趋势

图4.58中的路线展示了不同的运动技术,人类的介入程度在一步一步地降低,但控制功能还没有完全转移给系统。

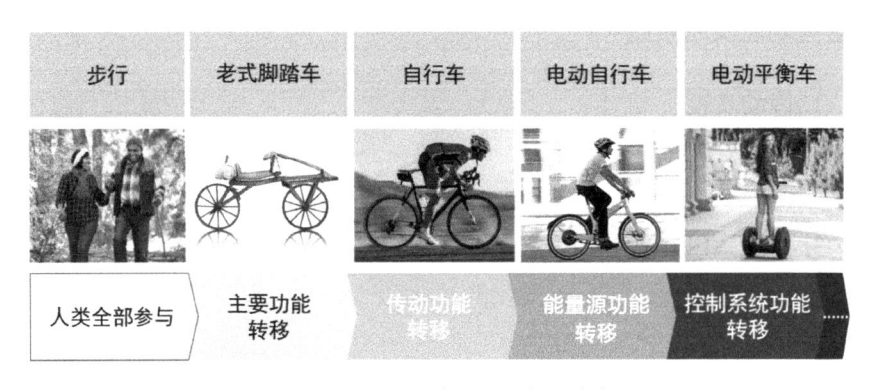

图4.58　人类运动中人工介入减少

如图4.59所示的消防系统中，控制功能完全转移到自动喷水系统。

图4.59　人工介入减少，直至完全消失

4.9　子系统不均衡发展趋势

这一趋势将技术与哲学联系起来。因为系统组件的进化速度不同，所以系统内部不断出现矛盾，而解决矛盾推动了系统的进化。如果系统的一部分进化得比其他部分更快，那么这些促使系统进步的不同部分间就存在差异（见图4.60）。

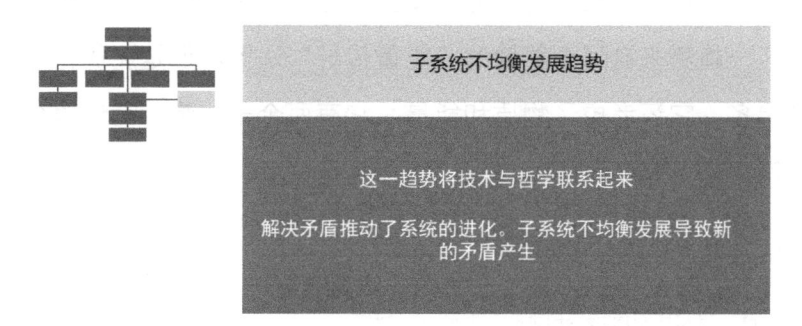

图4.60　子系统不均衡发展趋势

由于这一趋势与组件发展的协调性有关，因此，它是系统协调性增加趋势的子趋势。通常，进化首先出现在执行装置中，然后出现在系统的其余部分。例如，引擎是早期的汽车中最先进的部分（见图4.61）。后来，引擎的发展与其他组件之间的发展产生差异，动力系统、传动系统、车身、控制系统等的发展都源于这些差异。

图4.61　子系统不均衡发展驱动系统的进化

4.10　流优化趋势

在TRIZ中，流指的是物质和场的流动。更具体地说，有三种流：物质流、能量流和信息流。流优化趋势告诉我们：随着技术系统的进化，物质、能量或信息的流速会发生变化，或者说流得到了更好的利用。这一趋势来自阿奇舒勒的"能量传导"法则。但是流优化趋势要先进得多，它还考虑了物质和能量。它有两个子趋势，而这两个子趋势又包含进一步的子机制。

1. 改善有用流。

　　A. 增加流的传导性。

　　B. 提高流的利用率。

第4章 技术系统进化趋势（TESE）

2. 减少有害流或次要流的负面效果。

　　A. 减少有害流或次要流的传导性。

　　B. 减少有害流的影响。

如该结构所示，人们并不总是希望增加（或改善）流。行动建议取决于这个流是有用的还是有害或浪费的。也可能存在中性流，本书对此不深入展开。就有用流而言，应尝试增加流的传导性和提高流的利用率；就有害流而言，行动相反。

首先，我们来考虑如何处理有用流。为了改善这种流，我们可以增加流的传导性，或更进一步利用它。图4.62提供了一些建议，可以帮助我们用头脑风暴得出改善有用流的方法。

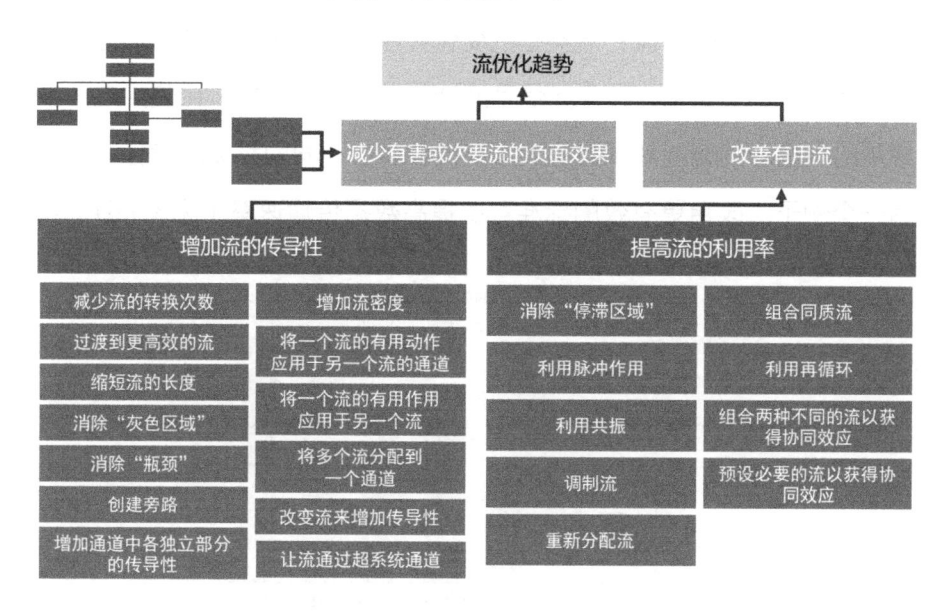

图4.62　流优化趋势：改善有用流

4.10.1 改善有用流：增加流的传导性

这个子趋势讨论的是如何增加流的传导性，从而使系统进化。下述技巧可以用于增加有用流的传导性。

减少流的转换次数：任何形式的转换都会导致损失。比较一下燃料电池和柴油发电机，我们会发现燃料电池只有1次流转换，而柴油发电机有4次（见图4.63）。

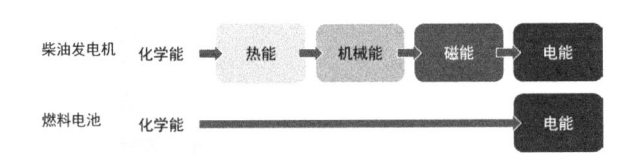

图4.63 减少能源生产中的转化

过渡到更高效的流：流类型的变化可能会使传导性增加。信息和通信技术中有相关案例：使用光信号的计算机调制解调器，比使用电话电缆中的电信号的调制解调器的效率高出许多。不同的移动通信标准则是另一个例子：改用更有效的标准可以提高数据传输速率（见图4.64）。

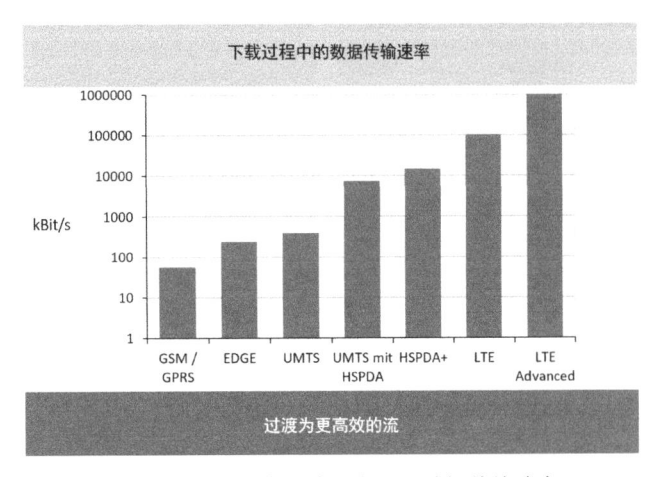

图4.64 移动通信中的一类流：数据传输速率

缩短流的长度：有用流的长度是可以改进的。在图4.65中，流的长度是不同时代牙钻的扭矩。

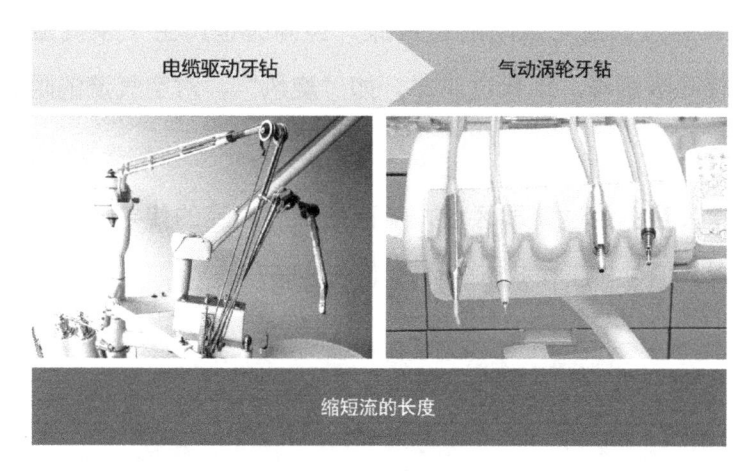

图4.65　牙钻的扭矩流缩短

消除"灰色区域"：所谓的"灰色区域"指的是盲区，流经过这一区域时，相关参数无法计算或预测。例如，可以用造影剂来增加X光检查中的信息流（见图4.66）。这种造影剂能使普通X光中看不见的东西变得可见。

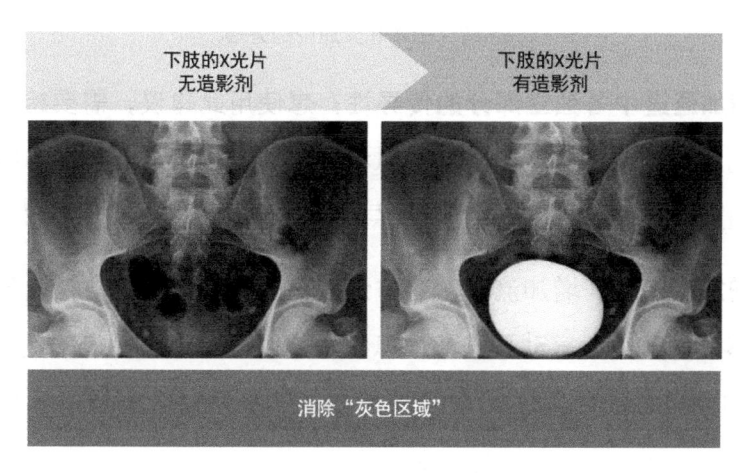

图4.66　造影剂使"灰色区域"可见

消除"瓶颈"：瓶颈是流通道中流的阻力显著增加的位置。消除有用流中的"瓶颈"可以降低通道中流的阻力，从而增加传导性。例如，鼻腔过滤器可以阻断过敏原，但同时也产生了空气流的"瓶颈"，使呼吸困难。现代过滤器，如"旋风"，对空气流的阻碍就不太明显。

创建旁路：绕过薄弱区域，从而增加有用流的传导性，如心脏搭桥手术以及绕过村庄和城市的环路（见图4.67）。

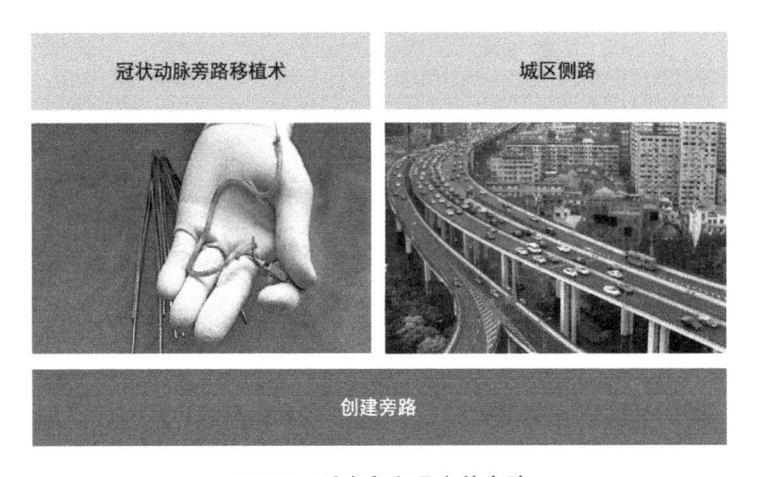

图4.67　手术和交通中的旁路

增加通道中各独立部分的传导性：想使用此建议，需要检查流通道中的所有部分。例如，我们可以看看在原本只有两条对向单行车道的普通道路上增加更多车道后，传导性是如何增加的（见图4.68）。

增加流密度：增加流密度的方法有很多，但通常的方法是压缩。在天然气的配送、气动系统和信息技术中都可以找到相应的例子。为了增加数据流的传导性，可以使用特定的算法对数据进行压缩（见图4.69）。

第4章 技术系统进化趋势（TESE）

图4.68 在道路中增加更多的车道增加了传导性

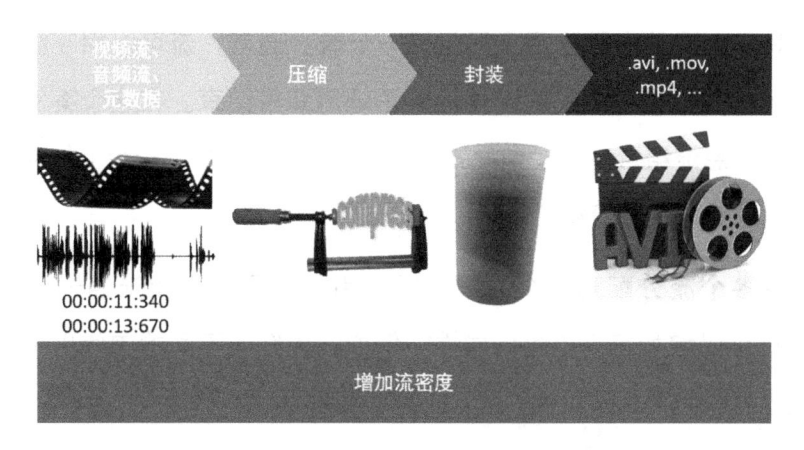

图4.69 通过数据压缩增加数据流的传导性

将一个流的有用动作应用于另一个流的通道： 在某些情况下，一个有用流可以促进另一个有用流发展。例如，为住户提供服务的不同类型的流可以结合在一起，如电缆、光纤、水管和污水管（见图4.70）；或者将不同的电流合并至电力设施中的电缆通道。

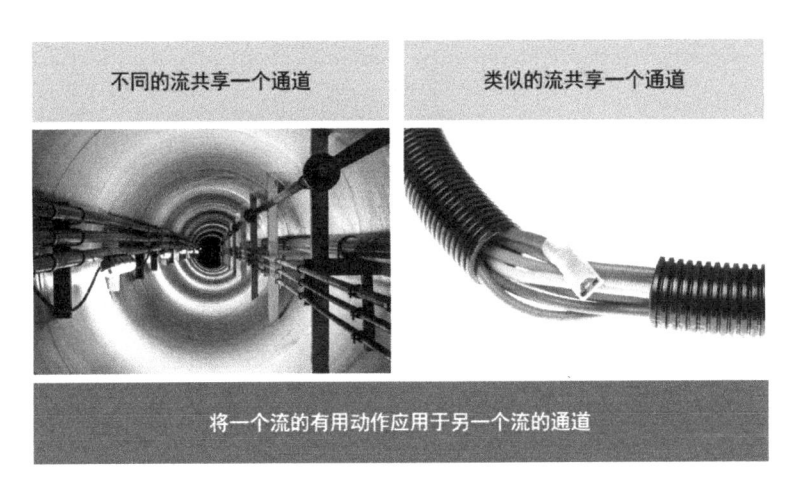

图4.70　多个设施共享一个通道

将一个流的有用作用应用于另一个流：通常，流可以相互组合。例如，收银机纸卷上的红色标记表示纸流即将结束。在这个案例中，纸流与信息流组合在一起［见图4.71（左）］。同样，轮胎上的磨损痕迹将信息流与橡胶流结合起来。

将多个流分配到一个通道：通过引导不同的有用流通过同一通道，也可以增加有用流的传导性。例如，光纤中不同的流使用相同的通道［见图4.71（右）］。

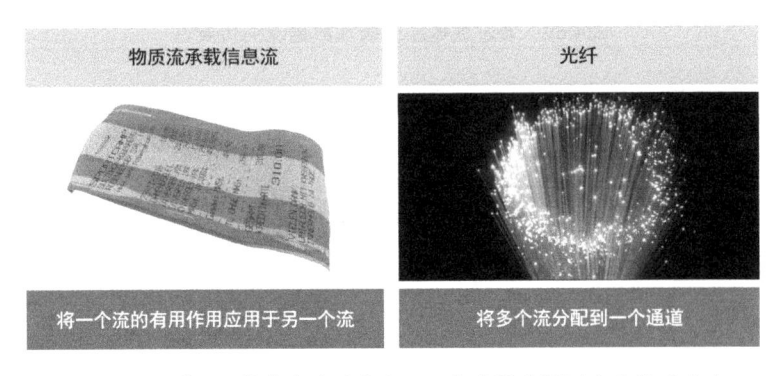

图4.71　物质流承载信息流（左）；一条光缆中通过多个流（右）

第4章 技术系统进化趋势（TESE）

改变流来增加传导性：改变有用流会使传导性更好。例如，在体育场入口引导人群通过通道和大门，可以增加人流的传导性（见图4.72）。

图4.72 改变人流

让流通过超系统通道：技术系统可以使用超系统使用的通道来增加流的传导性。例如，以太网电缆可以供应互联网和有线电视（见图4.73）。

图4.73 让流通过超系统通道

4.10.2 改善有用流：提高流的利用率

这个子趋势描述如何通过提高有用流的利用率使系统进化。

消除"停滞区域"：为了消除城市交通中的停滞区域(十字路口)，立交桥取代了十字路口（见图4.74）。

图4.74 立交桥消除了"停滞区域"

利用脉冲作用：TRIZ工具"发明原理"或"标准解"中也有这个建议。使用脉冲可以提高流的利用率。例如，高压水枪利用脉冲切割混凝土［见图4.75（左）］。

利用共振：这个原理比脉冲作用更进一步。共振也是一个众所周知的、用于提高流的利用率的原理。例如，当冲击波与肾结石产生共振时，碎石效果最好［见图4.75（右）］。

调制流：测量技术经常使用流调制。信号可以被调制成载波信号以便传输，并在需要时解调（见图4.76）。

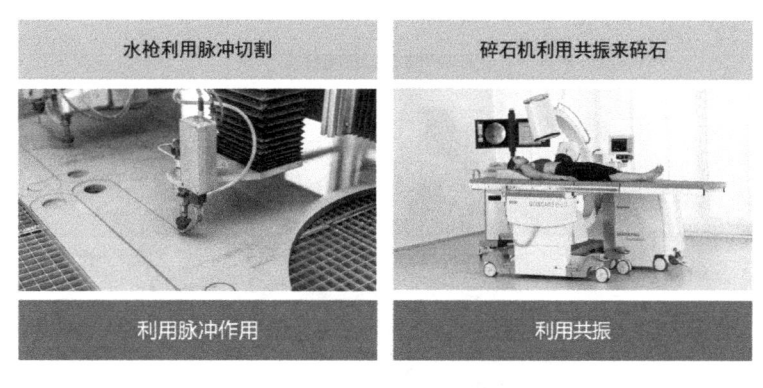

图4.75　利用脉冲的高压水枪（左）；利用共振的碎石机（右）

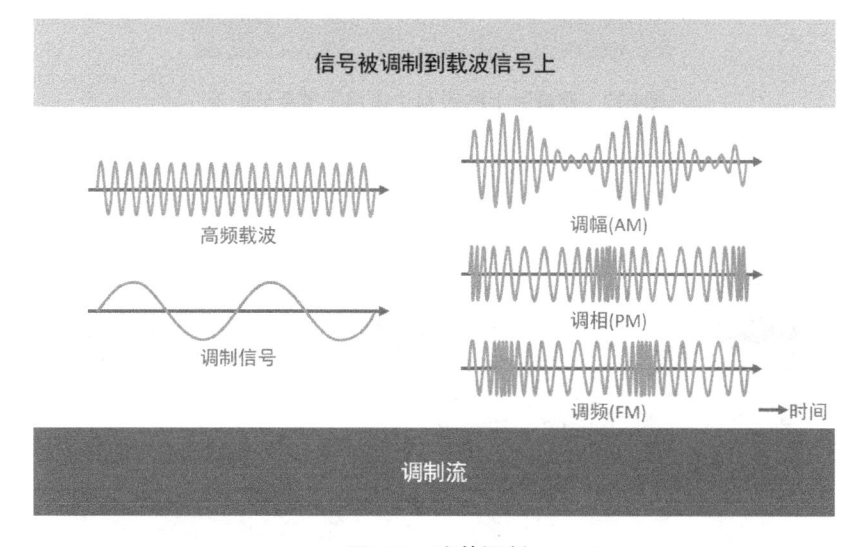

图4.76　流的调制

重新分配流：物理特性通常可以用于重新分配能量流。与平滑部位相比，带电导体的尖端会产生更强烈的电梯度，所以避雷针通常具有锐利的边缘（见图4.77）。

组合同质流：这一建议也可以在其他趋势中找到。简单地说，可以组合多个流，如图4.78中的划艇。

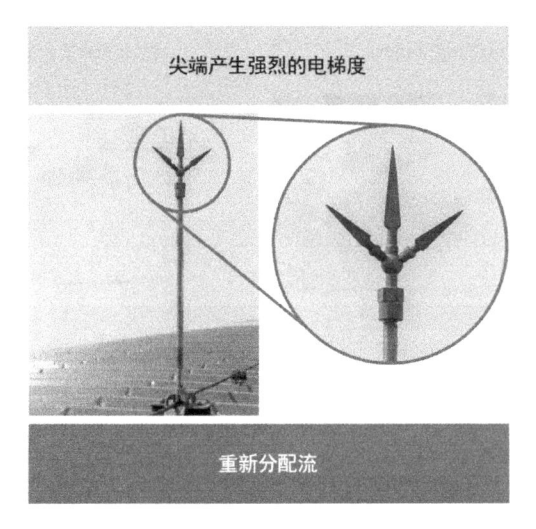

图4.77　避雷针上的锐利边缘用于重新分配流

图4.78　组合许多划船者的流

利用再循环：再循环提高了通道的利用率，从而提高了流的利用率。回收制度（如旧瓶回收）是这一建议的绝佳案例（见图4.79）。

组合两种不同的流以获得协同效应：这一建议有许多例子，其中许多来自生物、化学等领域。例如，炭疽杆菌对高温和浓缩消毒剂都有抵抗力（单独使用时），但如果同时使用较低水平的高温和消毒剂，就可以将其杀死（见图4.80）。

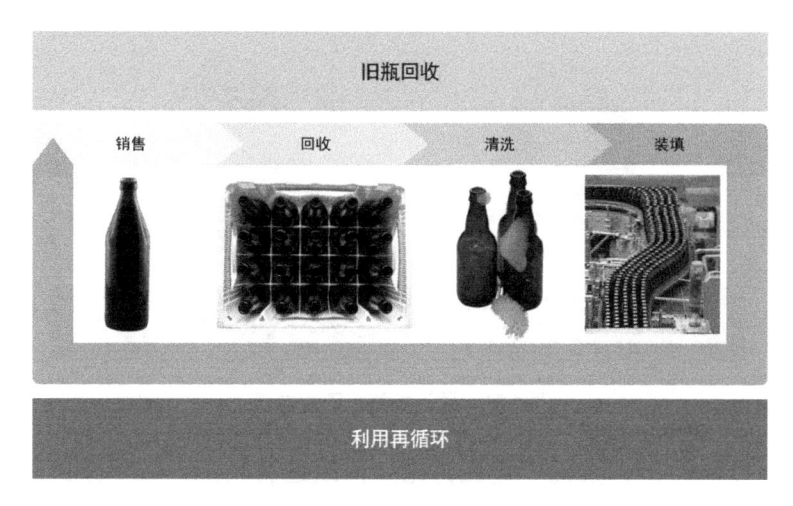

图4.79　通过循环提高流的利用率

图4.80　将高温与消毒剂组合以改善杀菌效果

预设必要的流以获得协同效应：类似于发明原理中的"预先作用"，通过预先提供（物质、能量或信息）流来提高流的利用率。例如，自加热垫预加载了能量，有脉冲触发化学反应时，该能量就会转化为热能（见图4.81）。

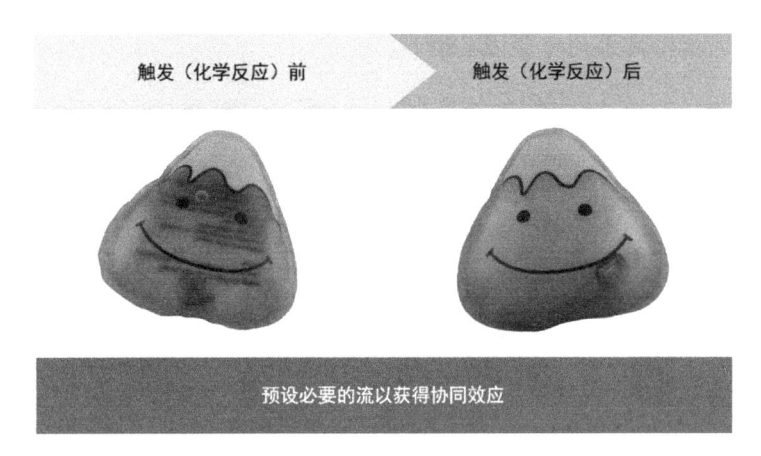

TRIZ技术创新指引：技术系统进化趋势（TESE）

图4.81　预设能量以改善热流

到目前为止，我们一直在讨论如何改进有用流，我们还必须考虑如何减少有害流。流优化趋势的另一个子趋势提供了关于如何减少有害或次要流的负面效果的建议。

有两种方法可以处理有害流：减少流的传导性，降低流的影响（见图4.82）。有关这些建议的摘要参见下文。

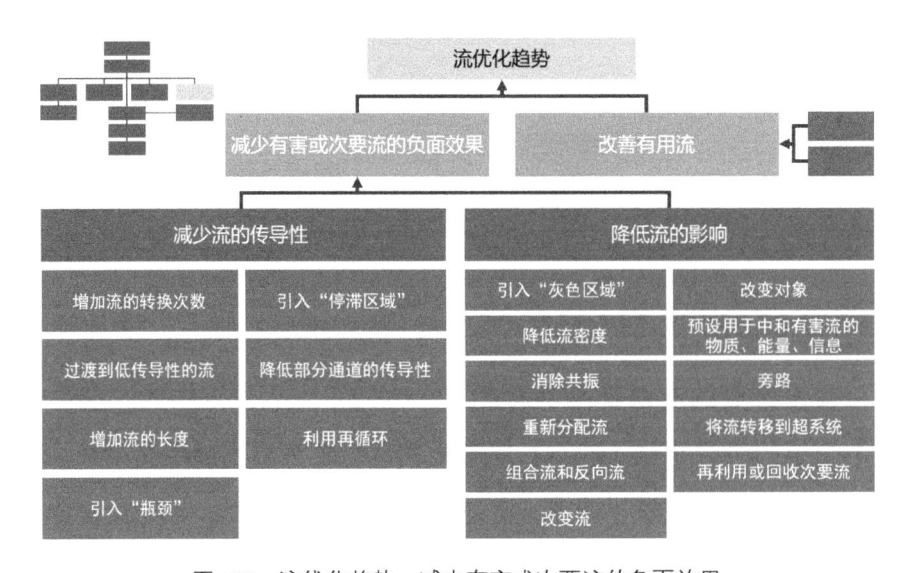

图4.82　流优化趋势：减少有害或次要流的负面效果

4.10.2.1 减少有害或次要流的负面效果：减少流的传导性

针对有害流的子趋势中的建议或多或少与针对有益流的建议相反。

增加流的转换次数：此建议的一个例子是保温层［见图4.83（左）］。在这种情况下，热流是有害的，保温层使能量流多次转换。

过渡到低传导性的流：军事技术中有这方面的若干例子，例如隐身材料通过转换雷达波来隐藏物体［见图4.83（右）］。

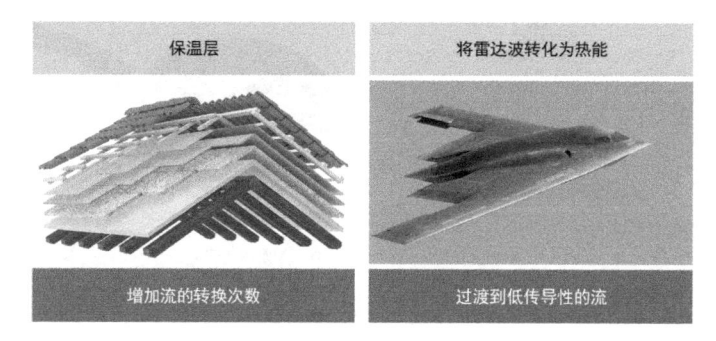

图4.83　热绝缘材料增加了流的转换次数（左）；隐身材料通过转换雷达波来隐藏物体（右）

增加流的长度：有用流的长度应该缩短，有害流的长度应该延长。例如，迷宫密封扩大了密封面［见图4.84（左）］。

引入"瓶颈"：节流阀和过滤器通常用于产生"瓶颈"。再如，太阳镜给紫外线流制造了"瓶颈"［见图4.84（右）］。

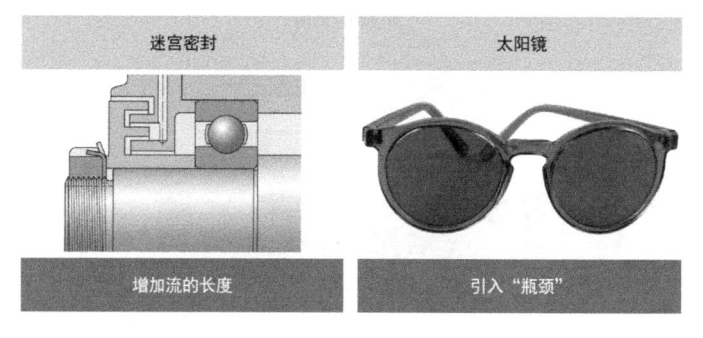

图4.84　迷宫密封增加了流的长度（左）；太阳镜是紫外线流的"瓶颈"（右）

引入"停滞区域"：过滤器也可以用来创建"停滞区域"。在这种情况下，流不会减少，而是会（临时或永久）完全停止。如图4.85（左）所示的呼吸面罩可以阻挡有害颗粒。

降低部分通道的传导性：可以在特定位置将流阻隔以降低传导性。例如，带塑料把手的煎锅可以保护使用者的手不被烫伤［见图4.85（右）］。

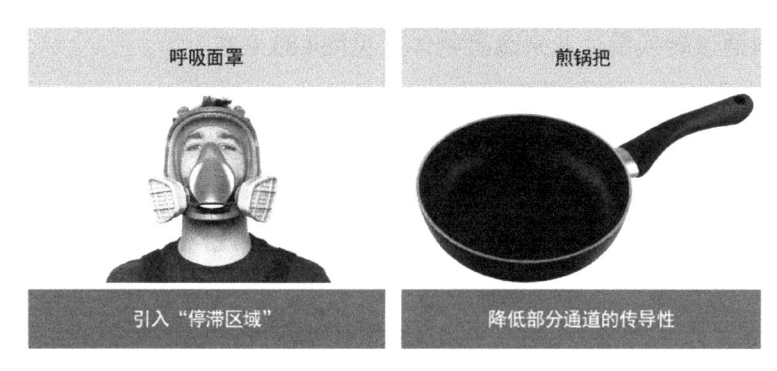

图4.85　面罩有一个"停滞区域"（左）；把手处的热传导性降低（右）

利用再循环：在某些情况下，有害流可以在再循环中相互抵消。例如，一些消音器和消声器通过反射声波来消声，主动进行噪声控制（见图4.86）。

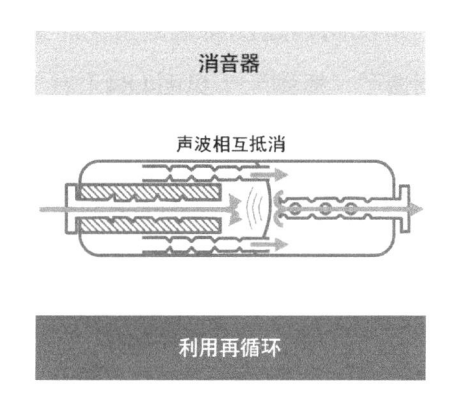

图4.86　有害流的再循环可以用于消除有害流

第4章 技术系统进化趋势（TESE）

4.10.2.2 减少有害或次要流的负面效果：降低流的影响

以下建议有助于降低有害流的影响。注意，这个清单没有特定顺序。

引入"灰色区域"："灰色区域"非常有助于降低有害流的影响。例如，迷彩服和装置使士兵和装备几近隐形［见图4.87（左）］。

降低流密度：对于有用流，建议提高流的密度；而针对有害流，建议降低流的密度。例如，为了防止目标被激光束破坏，可以让目标绕着自己的轴转动，这样激光在某个点上的照射只会持续很短的时间。这种"反激光战略"被用于保护导弹［见图4.87（右）］。

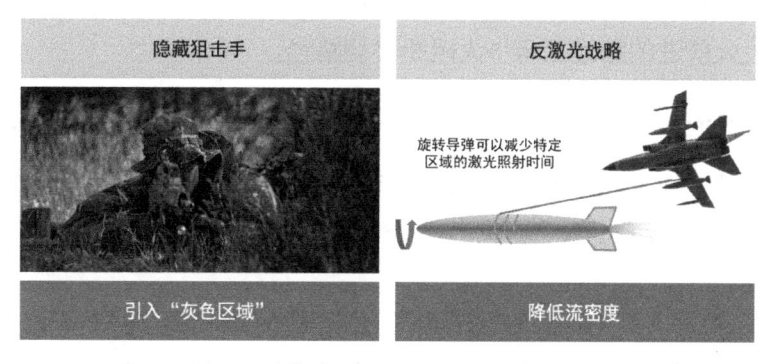

图4.87　"灰色区域"使狙击手隐形（左）；流密度降低永久地改变了冲击点（右）

消除共振：因为共振可以放大效应，所以在处理有害流时必须消除共振。比如，通过减震器和阻尼器的保护，避免如汽车、涡轮机和桥梁等技术系统受共振影响［见图4.88（左）］。

重新分配流：流的重新分配可以减少有害流造成的损害。例如，汽车前灯的不同模式可以分散光线，这样不会晃到其他司机［见图4.88（右）］。

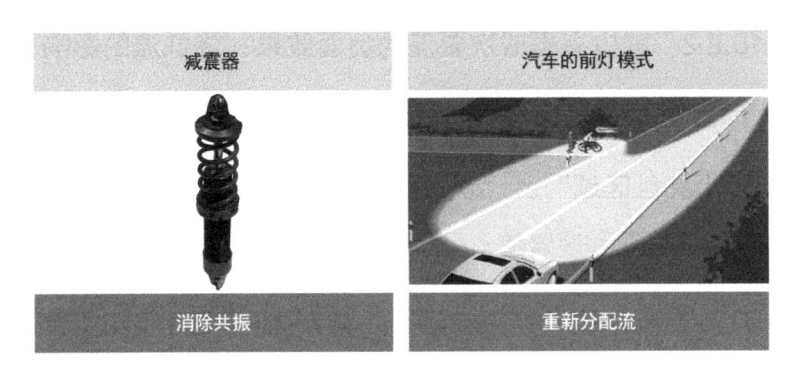

图4.88 减震器消除共振（左）；分散光线以看清路面而不是晃到其他司机（右）

组合流和反向流：反向流会导致反作用，减少或消除危害。例如，消防队员有时使用回烧来灭火［见图4.89（左）］。回烧，指消防员在大火前进的路线上用小火阻断燃烧路径。

改变流：改变流时，可以考虑有害参数。例如，如果光的波长是有害参数，则可以使用具有特殊颜色的、无害的光。在摄影或芯片生产中处理感光材料时，就使用这种方法［见图4.89（右）］。

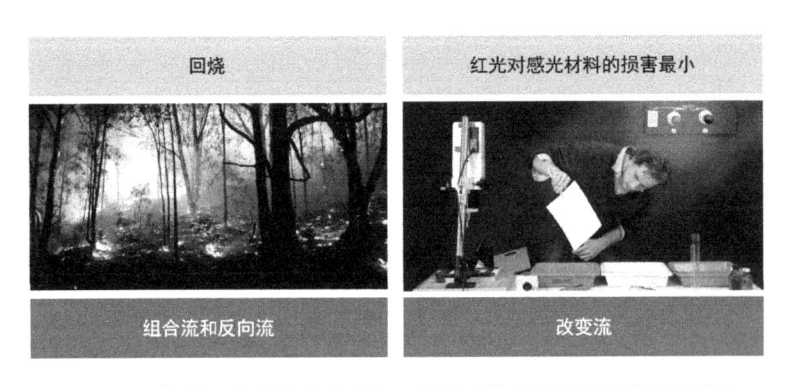

图4.89 回烧是一种反向流（左）；改变光的颜色以减少危害（右）

改变对象：诸如密封、遮蔽、涂层和更改其他参数等调整方法可以用于保护对象。例如，钢材镀铬可以使钢材免受腐蚀性盐（流）的侵蚀（见图4.90）。

第4章 技术系统进化趋势（TESE）

图4.90 改变对象：镀铬

预设用于中和有害流的物质、能量、信息：常见例子如用于止汗的除臭剂，浸渍物体以中和后续可能的损害。如外科手术中使用的消毒擦拭布和建筑行业中使用的浸渍木材（见图4.91）。

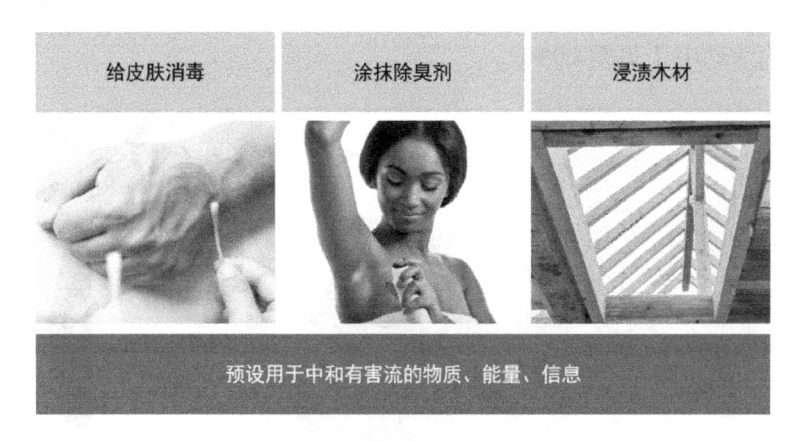

图4.91 预设物质：浸渍

旁路：在处理有害流时，"旁路"与上面介绍过的不同。有害流可以改变路线，以便绕过需要保护的对象，避免其受到伤害。例如，接地线使杂散电流远离使用者［见图4.92（左）］。

将流转移到超系统: 在某些情况下,超系统比技术系统更能抵抗或处理有害流,此时流应该被转移到超系统。例如,在冷却电脑的处理器时,电脑外部空气比内部空气更有效[见图4.92(右)]。

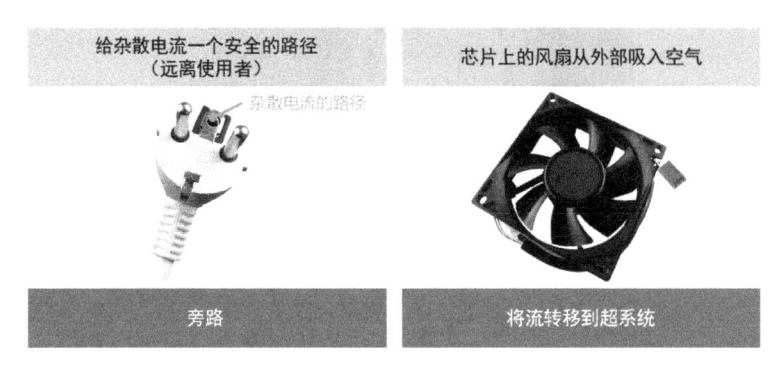

图4.92 杂散电流的路径(左);电脑风扇从外部吸入空气(右)

再利用或回收次要流: 有害流也可以通过再利用来缓解。例如,洗碗机的水在一次操作中被多次使用;灰水可以被再次用于不需要饮用水的活动中(见图4.93)。

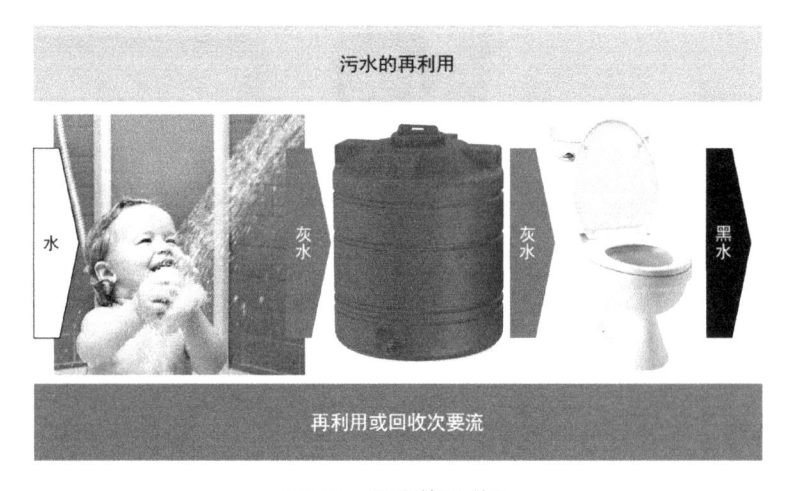

图4.93 污水的再利用

第5章

你的下一步行动

TRIZ技术创新指引：技术系统进化趋势（TESE）

现在，你已经熟悉实用S-曲线分析以及许多趋势和子趋势，可以开始检查自己的系统、产品和功能了。以下是可以采取的行动：

- 确定产品在S-曲线上的位置；
- 基于这一位置推导出有关行动的基本建议；
- 使用具体的趋势确定如何改进发明过程；
- 使用几个趋势评估技术系统的发展潜力；
- 使用趋势评估关于"改进系统以满足自身需求"的创意，从而排除可能产生不利影响的系统变体；
- 使用趋势产生可能有意义的未来情景——"TRIZ-预测"；
- 为系统发现或开发专属趋势或子趋势；
- 教授和培训其他人有关技术系统进化的知识［Kozyreva，Novitskaya，2002；Thurnes et al.，2015（a）；Thurnes et al.，2015（b）］；
- 还有更多……

记住技术推动效应，它使人们能够使用很多技巧。跟随TRIZ使用者的足迹，总结使用相关工具的经验。许多TRIZ专家已经开发了一些方法和工具以成功和系统地利用趋势进行创新。一些有经验、成功的使用者将在下一本书中介绍他们的想法。在此之前，你可以从适合你的专家那里或其他相关文献中寻找灵感。

参考文献

[1] Abernathy, W.J.; Utterback, J.M. Patterns of Industrial Innovation [J]. Technology Review, Vol. 80, Nr. 7, pp. 40-47, 1978. Massachusetts Institute of Technology, Cambridge, Massachusetts, 1978.

[2] Altshuller, G.S.; Seliujki, A. Wings for Icarus (Russian Language), Petrozavodsk: Karelia, 1980.

[3] Altshuller, G.S. Creativity as an Exact Science: The Theory of the Solution of Inventive Problems [M]. Translated by Anthony Williams. Gordon and Breach Science Publishers, 1984 (Original Edition Published in Russian Language 1979).

[4] Altshuller, G.S.; Zlotin, B.L.; Zusman A.V.; Philatov V.I. Search for New Ideas: From Insight to Technology (Theory and Practice of Inventive Problem Solving) [M]. Kishinev: Kartya Moldovenyaska Publishing House，1989.

[5] Altshuller G.; Zlotin B.; Zusman A.; Philatov V. Tools of Classical TRIZ [M]. Ideation International Inc.，1999.

[6] Becker, R.H.; Speltz, L.M. Putting the S-Curve Concept to Work

[J]. Research Management, Vol. 26, No. 5, pp. 31-33, 1983.

［7］Becker, R.H.; Speltz, L.M. Working the S-Curve: Making More Explicit Forecasts [J]. Research Management, Vol. 29, No. 4, pp. 21-23, 1986.

［8］Cascini, G.; Nanni, R.; Russo, D. TRIZ Patterns of Evolution as a Means for Supporting History and Technology: Analyzing the Brunelleschi's Dome Cranes [J]. TRIZ-Journal, July/2003.

［9］Christensen, C.M. Exploring the Limits of the Technology S-Curve [J]. Production and Operations Management 1, No. 4 (Fall 1992). Production and Operations Management Society, 1992.

［10］Directed Evolution® Software. (Directed Evolution® Is a Registered Trademark of Ideation International Inc.).

［11］Foster, N.R. Working the S-Curve: Assessing Technological Threats [J]. Research Management, Vol. 29, No. 4, pp. 17-20, 1986.

［12］Ideation Research Group (ed.): TRIZ in Progress. Transactions of the Ideation Research Group [M]. Ideation International Inc., 1999.

［13］Ikovenko, S.; Jantschgi C&R. TRIZ-Consulting Group: MA TRIZ Level 3 Training 2014/15. München, 2014.

［14］Khalil, T.M. Management of Technology: The Key to Competitiveness and Wealth Creation [M]. McGraw-Hill, 2000.

［15］Kozyreva, N.; Novitskaya, E. Methods of Teaching TRIZ Principles through an Example [J]. TRIZ-journal, August/2002.

［16］Litvin, S.S. Business to Technology – New Stage of TRIZ Development [M]. Jantschgi, J. (ed.): TRIZ Future 2005. Graz, 2005, 2 p.

［17］Litvin, S.; Petrov, V.; Rubin, M.; Fey, V. TRIZ Body of Knowledge. 2012.

［18］Lyubomirskiy, A.; Litvin, S. (GEN3 Partners) Trends of Engineering Systems Evolution (Guide). February 2003.

［19］Mann, D. Application of TRIZ Tools in a Nontechnical Problem Context [J]. TRIZ-journal, August/2000.

［20］Mann, D. Laws of System Completeness [J]. TRIZ-journal, May/2001.

［21］Mann, D. Hands-On Systematic Innovation [M]. Ieper: Creax Publisher, 2003.

［22］Nunes, P.; Breene, T. Jumping the S-Curve – How to Beat the Growth Cycle, Get on Top, and Stay There [M]. Harvard Business Review Press, 2011.

［23］Petrov, V. Laws of Dialectics in Technology Educhtion [J]. TRIZ-journal, June/2002(a).

［24］Petrov, V. The Laws of System Evolution [J]. TRIZ-journal, March/2002(b).

［25］Petrov, V. Laws of Development of Needs [J]. TRIZ-journal, March/2006.

[26] Shpakovsky, N. Tree of Technology Evolution – Ways to New Business Opportunities [M]. Target Invention, 2016.

[27] Stewart, R.B. Value Optimization for Project and Performance Management [M]. John Wiley & Sons, 2010.

[28] Terninko,J.; Zusman, A.; Zlotin, B. Systematic Innovation: An Introduction to TRIZ (Theory of Inventive Problem Solving)[M]. St. Lucie Press Boca Raton, London, New York, 1998.

[29] Thurnes, C.M.; Ikovenko, S.; Näther, S.; Münzberg, C.; Tharmann, R.; Lovich, A.; Jantschgi, J.; Adunka, R.; Neumuth, T. One Day at The Museum – Using a Museum as Resource for Teaching and Learning TRIZ [M]. Souchkov, V.; Kässi, T. (ed.): Proceedings of the TRIZfest 2015 – 11th International Conference – Theories and Applications. Seoul, 2015(a), pp. 144-153.

[30] Thurnes, C.M.; Zeihsel, F.; Fuchs, R. Competency Basen Learning in TRIZ – Teaching TRIZ-Forecasting as Example [C]. ETRIA - The European TRIZ Association (ed.): Proceedings of the TRIZ Future Conference 2015 (b) Berlin.

[31] Zlotin, B.; Zusman, A.; Roza, V. (ed.): Directed Evolution®: Philosophy, Theory and Practice [M]. Ideation International Inc., 2001/2002/2004.

[32] Zlotin, B.; Zusman, A.; Kaplan, L.; Visnepolschi, S.; Proseanic, V.; Malkin, S. TRIZ beyond Technology: The Theory and Practice of

Applying TRIZ to Non-technical Areas [J]. TRIZ-Journal, January/2001.

［33］Zlotin, B.; Zusman, A.; Thurnes, C.M., Directed Evolution®: Innovationsmanagement und Technologieentwicklung zukunftsorientiert gestalten mit der Methodik der Directed Evolution® zur TRIZ-Vorhersage*. Kaiserslautern, 2015.

相关文献

TESE和其他基于阿奇舒勒的技术系统进化法则的发展,多年来一直是TRIZ应用和开发的核心。下面是关于这些主题的简短的(并不详尽)文献列表。

基础知识

以下资料提供了关于技术系统进化法则和趋势的基础知识。请注意,还有其他很多可用资源,特别是俄语资源。彼得罗夫(Petrov)在 The Laws of System Evolution(*TRIZ-Journal*, March/2006.)中的概述非常精彩。

下面的文献主要基于Litvin等在*TRIZ Body of Knowledge*(2012)中提及的文献。本书的作者进行了些许扩展。

[1] Altshuller, G.S.: Creativity as an Exact Science: The Theory of the Solution of Inventive Problems. Translated by Anthony Williams. Gordon and Breach Science Publishers, 1984. ISBN 0677212305. Original Russian edition: Altshuller, G.S. Creativity as an Exact Science. M.: Sovietskoje

Radio, 1979.

［2］Altshuller, G.S.: Laws of Engineering Systems Evolution. Baku, 20.01.1977.

［3］Altshuller, G.S.: Laws of Technological Systems Evolution. – Altshuller, G.S.: The Daring Formulae of Creativity. Compiled by Selyutsky, A.B.; Petrozavodsk: Karelia, 1987.

［4］Altshuller, G.S.: To Find an Idea: Introduction to the Theory of Inventive Problem Solving. Novosibirsk: Nauka, 1986.

［5］Altshuller, G.S.; Vertkin, I.M.: Lines of Increasing Structurization of Voids. Baku, 1987.

［6］Altshuller, G.S.; Vertkin, I.M.: Lines of Fragmentation. Baku, 1987.

［7］Altshuller, G.S.: Small Boundless Worlds: The Standards for Inventive Problem Solving. - A Thread in the Labyrinth/Compiled by Selyutsky, A.B. Petrozavodsk: Karelia, 1988.

［8］Althsuller, G.S.; Zlotin, B.L.; Zusman A.V.; Philatov V.I.: Search for New Ideas: From Insight to Technology (Theory and Practice of Inventive Problem Solving). Kishinev: Kartya Moldovenyaska Publishing House, 1989. ISBN 5362001477.

［9］Altshuller G.; Zlotin B.; Zusman A.; Philatov V.: Tools of Classical TRIZ. Ideation International Inc. , 1999. ISBN 9781928747027.

[10] Fey, V.R.: Chronokinematics of Technological Systems. Baku, 1988.

[11] Fey, V.R.: In Search for the Ideal Substance. – TRIZ Journal, Vol.1, No.1/90, pp.36-41, Vol.1, No.2/90, pp.31-40, 1990. Also, In Search for the Ideal Substance. – A Chance for Adventure. Compiled by Selyutsky, A.B.. Petrozavodsk: Karelia, pp. 174-220, 1991.

[12] Fey, V.; Rivin, E.: Innovation on Demand: New Product Development Using TRIZ. Cambridge University Press, 2005.

[13] Gerasimov, V.M.; Kalish, V.S.; Karpunin, M.G.; Kuzmin, A.M.; Litvin, S.S.: Basics of the Methodology for Conducting VEA: Methodological Recommendations. M.: Inform-VEA, 1991.

[14] Gerasimov, V.; Litvin, S.: Mechanisms for Enhancing the Ideality of Technological Systems in VEA. L. 1985.

[15] Gerasimov, V.M.; Litvin, S.S.: Using the Trends of Technology Evolution in VEA of Manufacturing Processes. –Practices of Conducting VEA in the Electrical Product Industry. Ed. by M.G.Karpunin. M., Energoatomizdat, 1987.

[16] Gerasimov, V.M., Litvin, S.S. Why Does Engineering Need Pluralism? TRIZ Journal, No.1.1990.

[17] Gerasimov, V.M.; Litvin, S.S.: A Unified System of TRIZ-VEA. TRIZ Journal, No. 3.2.1992, pp.7-45.

[18] Ideation Research Group (ed.): The Theoretical Foundation for The Development of Directed Evolution®. In: TRIZ in Progress - Transactions of the

Ideation Research Group. Ideation International Inc. , 1999, pp. 27-41. ISBN 9781928747043.

[19] Ideation Research Group (ed.): Directed Evolution®* Techniques and Algorithms. In: TRIZ in Progress - Transactions of the Ideation Research Group. Ideation International Inc. 1999, pp. , 219-225. ISBN 9781928747043.

[20] Ideation Research Group (ed.): Selected Examples of Lines of Technological and Market Evolution. In: TRIZ in Progress - Transactions of the Ideation Research Group. Ideation International Inc. , 1999, pp. 231-245. ISBN 9781928747043.

[21] Lyubomirskiy, A.; Litvin, S. (GEN3 Partners): Trends of Engineering Systems Evolution (Guide). February 2003.

[22] Mann, D.: Hands-on Systematic Innovation. Ieper: Creax Publisher 2003. ISBN 9789077071024.

[23] Petrov, V.M.: A System of Laws of Technological System Evolution. – Lecture at the Seminar for TRIZ Instructors and Researchers (Petrozavodsk-82). L.: 1982.

[24] Petrov, V.M.: Idealization of Technological Systems. District Scientific-and-Practical Conference "Problems of Development of Scientific and Engineering Creativity of Engineers". Abstracts of Reports. Gorky, 1983, pp. 60-62.

[25] Petrov, V.: Laws of Needs Development. Amazon Media, ASIN: B01L1AIV8U.

［26］Petrov, V.: The Law of Increasing Degree of Su-Field. Amazon Media, ASIN: B01L4GV30E.

［27］Petrov, V.: Law of Ideality Increasing. Amazon Media, ASIN: B01L4CIKIG.

［28］Petrov, V.: Law – Antllaw. Amazon Media, ASIN: B01L49YGDC.

［29］Petrov, V.: Laws of System Evolution. Amazon Media, ASIN: B01L0P700G.

［30］Petrov V.: The Trend of Transition to Supersystems. Online: http://www.trizland.ru/trizba/pdf-books/zrts-17-nadsyst.pdf.

［31］Rantanen, K.; Domb, E.: Simplified TRIZ, CRC Press, Boca Raton, Florida, 2002.

［32］Salamatov, Y.P.: A System of Laws of Technology Evolution. A Chance for Adventure. Compiled by Selyutsky, A.B. - Petrozavodsk: Karelia, 1991.

［33］Salamatov, Y.P.; Kondrakov, I.M.: Specific Features of Ideal Technological Systems. Abstracts for the conference "Methods of Scientific and Engineering Creativity," June 30-July 2, 1984. Novosibirsk, pp. 64-66, 1984.

［34］Salamatov, Y.P.; Kondrakov, I.M.: Idealization of Technological Systems. A Study and Development of a Spatial-Temporal Model of Technological System Evolution ("a Wave of Idealization") Based on the Study of Evolution of a Technological System "Heat Pipe." Krasnoyarsk, 1984.

[35] Shpakovsky, N.: Tree of Technology Evolution – Ways to New Business Opportunities. Target Invention, 2016. ISBN 9781539892182.

[36] Vertkin, I.M.: Mechanisms of Convolution of Technological Systems. Baku, 1984.

[37] Vertkin, I.M.: The General Pattern of Sufield Evolution. Presentation at the Conference "Methods of Scientific and Engineering Creativity," Novosibirsk, June 30-July 2, 1984.

[38] Vertkin, I.M.; Fey, V.R.: A Study of Sufields with Thermal and Magnetic Fields in Technological Systems. Abstracts for the Conference "Methods of Scientific and Engineering Creativity," June 30-July 2, 1984 - Novosibirsk, pp. 79-81, 1984.

[39] Zlotin, B.; Zusman, A.: Directed Evolution® Technology. In: Carayannis, E.G. (ed.): Encyclopedia of Creativity, Invention, Innovation, and Entrepreneurship. Springer, 2013, pp. 541-542.

[40] Zlotin, B.; Zusman, A.; Roza, V. (ed.): Directed Evolution®. Southfield: Ideation International, 2002. ISBN 9781928747026.

相关文章

以下文章涉及S-曲线分析和/或其他法则（或趋势）的应用。这里所列文章并非详尽无遗，仅包括用英文发表的文章。请记住，即使这些文章的作者使用了本书以外的趋势和S-曲线结构，它们也可以加强人们对材料的理解，并帮助人们使用和调整工具。

[1] Abate, V.; Cascini, G.: Computer-Aided Design: Forecasted Evolution. In: TRIZ-journal, May/2003.

[2] Abramov, O.Y.: "Voice of The Product" to Supplement "Voice of The Customer". In: Souchkov, V.; Kässi, T. (ed.): Proceedings of the TRIZfest 2015 – 11th International Conference – Theories and Applications. Seoul 2015, pp. 309-317. ISBN 9780692524176.

[3] Altshuller, G.S.; Rubin, M.: What Will Happen after the Final Victory? Eight Thoughts on Nature and Technology– G.S. Altshuller, M.S. Rubin 1987. In: TRIZ-journal, May/2016.

[4] Becattini, N.; Cascini, G.; Petrali, P.; Pussiarini, A.: Production Processes Modeling for Identifying Technology Substitution Opportunities. In: Cascini, G.; Vaneker, T. (eds.): Proceedings of the TRIZ-Future Conference 2011. Dublin 2011, pp. 17-33. ISBN 9780955121821.

[5] Belfiore, J.: TRIZ-Enabled Mergers and Acquisitions. In: Altshuller Institute for TRIZ Studies (ed.): TRIZCON2008 Proceedings. Worcester, 2008, pp. 446-460. ISBN 9781934803011.

[6] Becattini, N.; Cascini, G.; Rotini, F.: Correlations between the Evolution of Contradictions and the Law of Ideality Increase. In: Draghici, G. (ed.): Proceedings of the TRIZFuture Conference 2009. Timisoara, 2009, pp. 26-34. ISBN 9789736259692.

[7] Blosiu, J.; Kowalick, J.: TRIZ and Business Survival. In: TRIZ-journal, November/1996.

[8] Bridoux, D.; Mann, D.: Evolving TRIZ Using TRIZ and NLP Neurosemantics. In: TRIZ-journal, December/2002.

[9] Bukhman, I.: TRIZ Innovation Roadmap. In: Altshuller Institute for TRIZ Studies (ed.): TRIZCON2008 Proceedings. Worcester, 2008, pp. 380-404. ISBN 9781934803011.

[10] Cascini, G.; Nanni, R.; Russo, D.: TRIZ Patterns of Evolution as a Means for Supporting History of Technology: Analyzing the Brunelleschi's Dome Cranes. In: TRIZ-journal, July/2003.

[11] Cascini, G.; Rotini, F.; Russo, D.: Network of Trends: Systematic Deeinition of Evolutionary Scenarios. In: Vanker, T.; Lutters, E. (eds.): Proceedings of the TRIZ-Future Conference 2008. Netherlands, 2008, pp. 31-39. ISBN 9789036527491.

[12] Cavalluci, D.; Lutz, P.; Kucharavy, Dmitry: Converging in Problem Formulation: A Different Path in Design. In: TRIZ-journal, December/2002.

[13] Cameron, G.: Dynamization Evolution of Dry Etch Tools in Semiconductor Device Fabrication. In: TRIZ-journal, December/2005.

[14] Carignani, G.: Matching and Merging TRIZ and Post-TRIZ Evolutionary Theories of Technological Change. In: Cascini, G.; Vaneker, T. (eds.): Proceedings of the TRIZ-Future Conference 2011. Dublin, 2011, pp. 415-424. ISBN 9780955121821.

[15] Cohen, Y.H.; Reich, Y.; Greenberg, S.: What Can We Learn from

Biological Systems What Applying The Law of System Completeness? In: Cascini, G.; Vaneker, T. (eds.): Proceedings of the TRIZ-Future Conference 2011. Dublin, 2011, pp. 143-154. ISBN 9780955121821.

[16] Conley, D.W.: Intel®'s TRIZ Expert Field Guide. In: Proceedings of the TRIZ Future Conference 2007. Frankfurt, 2007.

[17] Chuksin, P.: Selecting of Key Problems and Solutions Search Area in Forecasting. In: Cascini, G. (ed.): Proceedings of the TRIZ Future Conference 2004. Firence University Press, 2004, pp. 247-252.

[18] Chuksin, P.; Shpakovsky, N.: Information Analysis and Presentation in Forecasting. In: TRIZ-journal, March/2006.

[19] Chuksin, P.; Jung, J.W.; Lee, M.K.; Shpakovsky, N.; Novitskaya, E.: Historical Analysis of Engineering Systems in Prognostic Project. In: ETRIA – European TRIZ Association (ed.): Proceedings of the ETRIA World Conference TRIZ Future 2002. Strasbourg, 2002, pp. 95-102.

[20] Chulvi, V.; Vidal, R.: Usefulness of Evolution Lines in ECO-Desigh. In: Proceedings of the TRIZ-future Conference 2010, 7 p.

[21] Clarke, D.W.: Evolving the Corkscrew: A TRIZ-Based Hypothesis. In: TRIZ-journal, February/2003.

[22] Cooney, J.; Winkless, B.: Utilizing TRIZ Methodologies to Evolve and Develop Next Generation Food Packaging Concepts. In: TRIZ-journal, September/2003.

[23] Crubleau, P.; Richir, S.; Hambli, R.: Mastery of Future

Generations of Products & TRIZ. In: TRIZ-journal, December/2003.

[24] Danilovsky, Y.: The Forecast of the Ballpoint Pen Evolution. In: TRIZ-journal, July/2003.

[25] Danilovsky, Y.; Ikovenko, S.; Menon, R.: Trend of Transition of Engineering Systems to Micro Level Today and Tomorrow. In: Souchkov, V.; Kässi, T. (ed.): Proceedings of the TRIZfest 2015 – 11th International Conference – Theories and Applications. Seoul, 2015, pp. 252-259. ISBN 9780692524176.

[26] Danilovsky, Y.; Mitrofanov, V.; Shevchenko, D.: The Functional-Resource Approach to the Forecasting of Technical Systems Evolution – A Fragment from the Book "Evolution of Technologies", Chapter "Graphic and Numerical Methods Based Approach to Forecasting Tasks Solving". In: TRIZ-journal, October/2003.

[27] Danilovsky, Y.; Mitrofanov, V.; Shevchenko, D.: Mitosis of TRIZ. In: TRIZ-journal, December/2003.

[28] Dettmer, W.; Domb, E.: Breakthrough Innovation in Conflict Resolution: Marrying TRIZ and the Thinking Process. In: TRIZ-journal, May/1999.

[29] Dewulf, S.; Bakker, G.: Tertahedron of Evolution Four Elvments, One Principle Functional Symmetry. In: Cascini, G. (ed.): Proceedings of the TRIZ Future Conference 2004. Firence University Press, 2004, pp. 509-515.

[30] Dewulf, S.; Theeten, V.: Directed Variation Solving Conflicts in

TRIZ. In: Jantschgi, J. (ed.): TRIZ Future 2005. Graz, 2005, pp. 140-150. ISBN 3701100578.

［31］Domb, E.; Corbin, D.: QFD, TRIZ, and Entrepreneurial Intuition – The DelCor Interactives International Case Study. In: TRIZ-journal, September/1998.

［32］Domb, E.: Strategic TRIZ and Tactical TRIZ – Using the Technology Evolution Tools. In: TRIZ-journal, January/2000.

［33］Domb, E.; Miller, J.A.: Applying the Law of the Completeness of a Technological System to Formulate a Problem. In: TRIZ-journal, January/2007.

［34］Eversheim, W.; Breuer, T.; Grawatsch, M.: Design of New Products by the Laws of Technical Evolution. In: ETRIA – European TRIZ Association (ed.): Proceedings of the ETRIA World Conference TRIZ FUTURE 2002. Strasbourg, 2002, pp. 122-125.

［35］Fey, V.: Dilemma of a Radical Innovation – A New View on the Law of Transition to a Micro-Level. In: TRIZ-journal, April/1999.

［36］Fey, V.R.; Rivin, E.I.: Guided Technology Evolution (TRIZ Technology Forecasting). In: TRIZ-journal, January/1999.

［37］Gahide, S.: Smart Garment for Firefighters. In: TRIZ-journal, June/1999.

［38］Gahide, S.: Application of TRIZ to Technology Forecasting – Case Study: Yarn Spinning Technology. In: TRIZ-journal, July/2000.

［39］Gibson, N.: The Determination of the Technological Maturity of Ultrasonic Welding. In: TRIZ-journal, July/1999.

［40］Greenberg, S.: Evolutionary Biology, Technological Changes and TRIZ. In: Proceedings of the TRIZ-future conference 2010, 3 p.

［41］Hiltmann, K.: Trend of Increasing Coordination in Biology. In: Journal of the European TRIZ Association, Innovator, 01/2014 (1), pp. 101-106.

［42］Hipple, J.: The Use of TRIZ Principles in Consumer Product Design. In: TRIZ-journal, June/2006.

［43］Hsiao, Y.-c.; Ying-Tzu, L.: Scenarios of Future Home Living with Evolutionary Principles from TRIZ. In: Dewulf, S.; Dekeyser, N. (ed.): Proceedings of the ETRIA TRIZ Future Conference 2006 Volume 2. Kortrijk, 2006, pp. 91-98. ISBN 9077071059.

［44］Ikovenko, S.; Kogan, S.: TRIZ Application for Patent Strategies Development. In: Jantschgi, J. (ed.): TRIZ Future 2005. Graz, 2005, pp. 425-431. ISBN 3701100578.

［45］Ikovenko, S.; Kogan, S.: Patent Practices of Addressing Doctrine of Equivalents and Its Substitutes with G3:ID/TRIZ. In: Dewulf, S.; Dekeyser, N. (ed.): Proceedings of the ETRIA TRIZ Future Conference 2006 Volume 2. Kortrijk, 2006, 6 p. ISBN 9077071059.

［46］Ionescu, N.; Visan, A.; Doicin, C.V.; Hincu, D.: Applying TRIZ in Technical and Economic Higher Education. In: Draghici, G. (ed.):

Proceedings of the TRIZFuture Conference 2009. Timisoara, 2009, pp. 166-173. ISBN 9789736259692.

[47] Jirman, P.; Busov, B.: Solving Cases Studies in TRIZ Education on Technical Universities in the Czech Republic. In: Proceedings of the TRIZ-future Conference 2010.

[48] Kaplan, P.: Adaptive Evolution in Biology and Technology: Why Are Parallels Expected? In: TRIZ-journal, May/2003.

[49] Kizevich, G.: To Invent Is to Foresee: How to Improve Car Safety. In: TRIZ-journal, November/2004.

[50] Korzun, A.: Using a System Operator for Revealing Some Laws of Pedagogical Systems Evolution. In: ETRIA – European TRIZ Association (ed.): Proceedings of the ETRIA World Conference TRIZ Future 2002. Strasbourg, 2002, pp. 391-394.

[51] Kowalick, J.: Technology Forecasting with TRIZ. In: TRIZ-journal, January/1997.

[52] Kraev, V.: Kraev's Korner: System Evolution. In: TRIZ-journal, July/2007.

[53] Kucharavy, D.; De Guio, R.: Logistic Substitution Model and Technology Forecasting. In: TRIZ-journal, February/2009.

[54] Kucharavy, D.; De Guio, R.: Application of Logistic Growth Curve. In: ETRIA – The European TRIZ Association (ed.): Proceedings of the TRIZ Future 2012 Conference. Lisbon, 2012, 13 p. ISBN

9789899568310.

［55］Kyeongwon, L.: Forecasting New Business Opportunities Using the TRIZ Evolution Approach. In: Cascini, G.; Vaneker, T. (eds.): Proceedings of the TRIZ-Future Conference 2011. Dublin, 2011, pp. 457-458. ISBN 9780955121821.

［56］Lapidot, I.: Elaboration of The Value Equation to Express Laws of System Evolution. In: Draghici, G. (ed.): Proceedings of the TRIZFuture Conference 2009. Timisoara, 2009, pp. 126-127. ISBN 9789736259692.

［57］Lapidot, I.; Conley, D.W.: Evolution Predictability, Lamarck, Altshuller, Darwin and Chao, S. In: Cascini, G.; Vaneker, T. (eds.): Proceedings of the TRIZ-Future Conference 2011. Dublin, 2011, pp. 135-144. ISBN 9780955121821.

［58］Leon, N.: Trends and Patterns of Evolution for Product Innovation. In: TRIZ-journal, October/2006.

［59］Leon, N.; Martinze, J.J.: Methodology for the Evaluation of the Innovation Level of Products and Processes (in the Tecnos award Context). In: TRIZ-journal, October/2005.

［60］Lianjun, H.; Jizhong, Y.; Xiaoyan, Z.; Zhigang, Y.: Research on Clip Improvement in Heavy Haul Railway Line Based on TRIZ. In: Souchkov, V.; Kässi, T. (ed.): Proceedings of the TRIZfest 2015 – 11th International Conference – Theories and Applications. Seoul, 2015, pp. 178-185. ISBN 9780692524176.

[61] Linde, H.; Herr, G.: World Opening Innovation Strategy and the Contributions of Altshuller. In: Proceedings of the TRIZ-future Conference 2010.

[62] Lovel, K.; Seastrunk, C.; Clapp, T.: The Application of TRIZ to Technology Forecasting – A Case Study: Brasserie Strap Technology. In: TRIZ-journal, January/2006.

[63] Mann, D.: Using S-Curves and Trends of Evolution in R&D Strategy Planning. In: TRIZ-journal, July/1999.

[64] Mann, D.: The (Predictable) Evolution of Useful Things. In: TRIZ-journal, September/1999.

[65] Mann, D.: Trimming Evolution Patterns for Complex Systems. In: TRIZ-journal, February/2000.

[66] Mann, D.: Case Studies in TRIZ: A Better Wrench. In: TRIZ-journal, July/2000.

[67] Mann, D.: Using TRIZ to Overcome Business Contradictions: Profitable E-Commerce. In: TRIZ-journal, April/2001.

[68] Mann, D.: Laws of System Completeness. In: TRIZ-journal, May/2001.

[69] Mann, D.: Integrating Knowledge from Biology into the TRIZ Framework. In: TRIZ-journal, September/2001.

[70] Mann, D.: Evolutionary Potential TM in Technical and Business Systems. In: TRIZ-journal, June/2002.

［71］Mann, D.: On Innovation Timing. In: Jantschgi, J. (ed.): TRIZ Future 2005. Graz, 2005, 12 p. ISBN 3701100578.

［72］Mann, D.: Beetles, Chains and Radar Plots. In: TRIZ-journal, March/2004.

［73］Mann, D.: Fan Technology Evolutionary Potential and Evolutionary Limits. In: TRIZ-journal, December/2004.

［74］Mann, D.: Unleashing The Voice of Tthe Product and the Voice of the Process. In: TRIZ-journal, June/2006.

［75］Mann, D.; Winkless, B.: Any Colour You Iike as Long as It's the One You Want: TRIZ and Customisable Foods. In: TRIZ-journal, August/2001.

［76］Malnin,L.: Trends of Evolution of Engineering Systems Help Designers to Develop Next Generation Products. In: Jantschgi, J. (ed.): TRIZ Future 2005. Graz, 2005, pp. 125-132. ISBN 3701100578.

［77］Martija de Nicolas, I.: Wind Energy Evolution and Expectations: A Typical Case of Gigantism. In: TRIZ-journal, January/2004.

［78］Mayer, O.: Trend of Increased Addressing of Human Senses – Near Field Senses. In: ETRIA - The European TRIZ Association (Hrsg): Proceedings of the TRIZ Future Conference 2016. Wroclaw, 2016, 6 p.

［79］Morihisa, M.: Relation of the Invention Process to TRIZ (Example: High Efficiency DC-DC Converter for Liquid Crystal Watches). In: TRIZ-journal, January/2001.

［80］Mueller, G.; Kowalick, J.: Rapid Conception of Next-Generation Transdermal Drug Delivery Systems and Next-Generation Drugs. In: TRIZ-journal, December/1997.

［81］Nagashiresha, G.; Mewani, V.: Evolution of Electric Vehicles – A TRIZ Based Approach. In: Souchkov, V.; Kässi, T. (ed.): Proceedings of the TRIZfest 2015 – 11th International Conference – Theories and Applications. Seoul, 2015, pp. 87-93. ISBN 9780692524176.

［82］Nakagawa, T.; Nakatani, K.: A Large Variety of Writing Instruments: Studying the Evolution of Technologies in Faliliar Items. In: Proceedings of the TRIZ-future Conference 2010.

［83］Nani, R.; Regazzoni, D.: Technological Route between Pioneerism and Improvement. In: Vanker, T.; Lutters, E. (eds.): Proceedings of the TRIZ-Future Conference 2008. Netherlands, 2008, pp. 221-227. ISBN 9789036527491.

［84］Oliveira, J.: Food Foresight: Analysis of the Development Patterns of the Food Industry and Markets Using TRIZ Concepts. In: TRIZ-journal, October/2003.

［85］Pahl, A.K.: What S-Curves Really Are. In: ETRIA – European TRIZ Association (ed.): Proceedings of the ETRIA World Conference TRIZ FUTURE 2002. Strasbourg, 2002, pp. 290-305.

［86］Petrov, V.: Algorithm for Selecting TRIZ Tools. In: TRIZ-journal, March/2016.

[87] Pravin, K.; Phadke, S.; Rumde, A.V.: Using Trends of Evolution to Direct Wound Treatments. In: TRIZ-journal, October/2007.

[88] Priven, A.I.; Kynin, A.T.: A New Approach to S-Curve Analysis. In: Chechurin, L.S. (ed.): TRIZfest 2012 Conference Proceedings. Lappeenranta-St.Petersburg, 2012, pp. 11-15. ISBN 9785742235880.

[89] Rantanen, K.: Deaf People as Pioneers of Video Technology: How to Use Evolution Patterns and the Lead User Concept Together. In: TRIZ-journal, February/2004.

[90] Rantanen, K.: Predicting the Future with TRIZ. In: TRIZ-journal, March/2007.

[91] Rantanen, K.: Predicting Innovations for the Years 2020-2060. In: TRIZ-journal, June/2007.

[92] Rantanen, K.: Improving Technology Forecasts: Four Cases of Selection. In: TRIZ-journal, April/2008.

[93] Roderburg, A.; Klocke, F.; Koshy, P.: Principles of Technology Evolutions for Manufacturing Processes Design. In: Draghici, G. (ed.): Proceedings of the TRIZFuture Conference 2009. Timisoara, 2009, pp. 62-70. ISBN 9789736259692.

[94] Ru, H.; Ru, H.; Ang, W.: Applying the Law of Idealization to a Circuit Design Problem. In: TRIZ-journal, February/2006.

[95] Rubin, M.S.: What Will Happen after the Final Victory. Eight Thoughts on Nature and Technology – G.S. Altshuller, M.S. Rubin 1987. An

Afterword of 2015. Defeat Oneself. In: TRIZ-journal, May/2016.

［96］Runhua, T.: Voice of the Customers Pushed. In: TRIZ-journal, June/2002.

［97］Russo, D.; Regazzoni, D.; Montecchi, T.: Eco-Design with TRIZ-Laws of Evolution. In: Draghici, G. (ed.): Proceedings of the TRIZFuture Conference 2009. Timisoara, 2009, pp. 71-77. ISBN 9789736259692.

［98］Sawaguchi, M.: Study of Effective New Product Development – Activities through Combination of Patterns of Evolution of Technological Systems and VE. In: TRIZ-journal, May/2001.

［99］Sawaguchi, M.: Development of the Next Generation Portable Toilet through New Product Development Approach Based on the Comined Effects ot Three Methods: TRIZ, VE and Marketing-Consulting Case of Company S. In: TRIZ-journal, July/2002.

［100］Sawaguchi, M.: On the Roles of TRIZ at the Workshop Focusing on "Innovation" Based on Cooperation between Various Industries. In: Altshuller Institute for TRIZ Studies (ed.): TRIZCON2008 Proceedings. Worcester, 2008, pp. 346-358. ISBN 9781934803011.

［101］Schueler-Hainsch, E.; Ahrend, C.: Applying the TRIZ Principles of Technological Evolution to Customer Requirement Based Vehicle Concepts – Experience Report. In: TRIZ-journal, March/2004.

［102］Schuh, G.; Grawatsch, M.: TRIZ-Based Technology Intelligence. In: TRIZ-journal, April/2004.

［103］Seredinski, A.: System Operator and the Methodolgy of Prediction. In: TRIZ-journal, February/2002.

［104］Shpakovsky, N.: Transfer to the Microlevel as one of the Main Display Evolution Trends. In: TRIZ-journal, August/2005.

［105］Shpakovsky, N.; Chuksin, P.; Novitskaya, E.: Tool for Generating and Selecting Concepts on the Basis of Trends of Engineering Systems Evolution. In: ETRIA – European TRIZ Association (ed.): Proceedings of the ETRIA World Conference TRIZ FUTURE 2002. Strasbourg, 2002, pp. 256-261.

［106］Slocum, M.S.: Technology Maturity Using S-Curve Descriptors. In: TRIZ-journal, October/1998.

［107］Slupinski, M.: Laws of System Evolution in the Development of The Thermal Bridge Problem. In: Cascini, G. (ed.): Proceedings of the TRIZ Future Conference 2004. Firence University Press, 2004, pp. 95-102.

［108］Smolensky, H.M.: Analysis of the Evolution of Training Tools and Systems Using the TRIZ Methodology. In: TRIZ-journal, February/2001.

［109］Souchkov, V.: TRIZ and Systematic Business Model Innovation. In: Proceedings of the TRIZ-future Conference 2010.

［110］Souchkov, V.: Systematic Business Innovation: A Roadmap. In: Souchkov, V.; Kässi, T. (ed.): Proceedings of the TRIZfest 2015 – 11th International Conference – Theories and Applications. Seoul, 2015, pp. 211-220. ISBN 9780692524176.

［111］Stelzner, J.; Palacios, C.; Swaton, T.: TRIZ on Rapid

Prototyping – A Case Study for Technology Foresight. In: TRIZ-journal, July/2003.

[112] Tadepalli, S.; Biswas, A.; Mewani, V.: Numerical Construction of S-Curves Using the TRIZ Tool of Trends of Engineering System Evolution (TESE). In: Souchkov, V.; Kässi, T. (ed.): Proceedings of the TRIZfest 2015 – 11th International Conference – Theories and Applications. Seoul, 2015, pp. 134-143. ISBN 9780692524176.

[113] Tanghe, Y.C.: High Speed Trains. In: Dewulf, S.; Dekeyser, N. (ed.): Proceedings of the ETRIA TRIZ Future Conference 2006 Volume 2. Kortrijk 2006, 6 p. ISBN 9077071059.

[114] Thurnes, C.M.; Ikovenko, S.; Näther, S.; Münzberg, C.; Tharmann, R.; Lovich, A.; Jantschgi, J.; Adunka, R.; Neumuth, T.: One Day at the Museum – Using a Museum as Resource for Teaching and Learning TRIZ. In: Souchkov, V.; Kässi, T. (ed.): Proceedings of the TRIZfest 2015 – 11th International Conference – Theories and Applications. Seoul, 2015, pp. 144-153. ISBN 9780692524176.

[115] Thurnes, C.M.; Zeihsel, F.; Fuchs, R.: Competency Based Learning in TRIZ – Teaching TRIZ-Forecasting as Example. In: ETRIA - The European TRIZ Association (ed.): Proceedings of the TRIZ Future Conference 2015 Berlin. Berlin, 2015, 6 p.

[116] Thurnes, C.M.; Zeihsel, F.; Zlotin, B.; Zusman, A.: TRIZ Events Increase Innovative Strength of Lean Product Development Processes. In: Chechurin, L. (ed.): Research and Practice on the Theory of

Inventive Problem Solving (TRIZ). Switzerland: Springer, 2016, pp. 187-206. ISBN 9783319317809.

［117］Tompkins, M.; Price, T.; Clapp, T.: Technology Forecasting of CCD and CMOS, Digital Imaging Technology Using TRIZ. In: TRIZ-journal, March/2006.

［118］Vijayakumar, S.: Maturity Mapping of DVD Technology. In: TRIZ-journal, January/2001.

［119］Weitzenböck, J.R.; Marion, S.: Using TRIZ to Develop New Copposion Protection Concepts in Shipbuilding – A Case Study. In: Dewulf, S.; Dekeyser, N. (ed.): Proceedings of the ETRIA TRIZ Future Conference 2006 Volume 2. Kortrijk, 2006, pp. 91-98. ISBN 9077071059.

［120］Wouters, M.; Dobrusskin, C.: Trend of S-Curve Evolution for Roadmap Development in the Lightning Industry. In: Journal of the European TRIZ Association, Innovator, 01/2014 (1), pp. 90-96.

［121］Yang, K.; Zhang, H.: Two Patterns of Evolution for Technological Systems. In: TRIZ-journal, December/2009.

［122］Zakharov, A.: Universal Scheme of Evolution – Theory and Practice. In: TRIZ-journal, June/2004.

［123］Zakharov, A.: TRIZ Future Forecast. In: TRIZ-journal, August/2004.

［124］Zakharov, A.: Explore the Future of TRIZ with the Trends of Evolution. In: TRIZ-journal, May/2008.

[125] Zakharov, A.: Use and Search Engine Forecast. In: TRIZ-journal, November/2008.

[126] Zusman, A.; Zlotin, B.: Overview of Creative Methods. In: TRIZ-journal, July/1999.

[127] Zlotin, B.; Zusman, A.: Instruments for Designing Consummate Systems. In: TRIZ-journal, April/2008.

[128] Zlotin, B.; Zusman, A.: Producing TRIZ Solutions Odds of Success. In: TRIZ-journal, October/2009.

[129] Zlotin, B.; Zusman, A.; Hallfell, F.: TRIZ to Invent Your Future Utilizing Directed Evolution® Methodology. In: Proceedings of the TRIZ-future Conference 2010, 6 p.

[130] Zlotin, B.; Zusman, A.: Directed Evolution® — An Update after a Decade. In: ETRIA - The European TRIZ Association (ed.): Proceedings of the TRIZ Future Conference 2015 Berlin. Berlin, 2015, 6 p.

[131] Zlotin, B.; Zusman, A.; Roza, V.(ed.): Patterns of Evolution: Recent Findings on Structure and Origin. In: TRIZ-journal, September/2006.

[132] Zlotin, B.; Zusman, A.; Kaplan, L.; Visnepolschi, S.; Proseanic, V.; Malkin, S.: TRIZ beyond Technology – The Theory and Practice of Applying TRIZ to Non-Technical Areas. In: TRIZ-journal, January/2001.

[133] Zouaoua-Ragab, D.; Crubleau, P.; Choulier, D.; Richir, S.: First Evolutionary Step towards Innovation Using the Law of System Completeness. In: Cascini, G.; Vaneker, T. (eds.): Proceedings of the TRIZ-Future Conference 2011. Dublin, 2011, pp. 355-370. ISBN 9780955121821.

配套文献

下列文献描述了不同技术和系统的进化情况。它们通过具体的实际案例解释TESE。

［1］Basalla, G.: The Evolution of Technology. Cambridge: University Press 1988. ISBN 0521296811.

［2］Eco, U.; Zorzoli, G.B.: The Picture History of Inventions: From Plough to Polaris. New York: McMillan 1963.

［3］Malerba, F.; Nelson, D.R.; Orsenigo, L.; Winter, S.G.: Innovation and the Evolution of Industries – History-Friendly Models. Cambridge: University Printing House 2016. ISBN 9781107051706.

［4］McNeil, I. (ed.): An Encyclopedia of the History of Technology. London: Taylor & Francis e-Library 2002. ISBN 9780203192117 Master e-book ISSN.

［5］Mom, G.: The Evolution of Automotive Technology: A Handbook. SAE International 2015. ISBN 9780768080278.

［6］Petroski, H.: The Evolution of Useful Things. New York: Knopf 1992. ISBN 0679412263.

［7］Sahal, D.: Patterns of Technological Innovation. London et al.: Addison-Wesley 1981. ISBN 9780201066300.

［8］Woersdorfer, J.S.: The Evolution of Household Technology and Consumer Behavior, 1800-2000. New York: Routledge 2017. ISBN 9781848935952.